SURMONTER LA PEUR DES AUTRES

Couverture : Shutterstock/Studio City

ISBN : 978-2-8246-2325-2
Code Hachette : 48 2978 0

Collection dirigée par Christian English & Frédéric Thibaud
Catalogues et manuscrits : city-editions.com/IDEO

Dépôt légal : Janvier 2024

SURMONTER LA PEUR DES AUTRES

MATHILDE DENANOT

EDITIONS ideo

Sommaire

3. LE SYNDROME DE LA CABANE

4. HABITER UN MONDE CRÉPUSCULAIRE : LE RETRAIT SOCIAL DE SURVIE

Introduction

En 2019, la survenue d'une pandémie s'est accompagnée d'une mesure exceptionnelle : le confinement. Assignée à résidence, la population a dû faire face à un nouveau défi. Comment vivre sans les autres ? Comment repenser son existence en l'absence d'interactions sociales ? À l'issue du confinement, un phénomène surprise a surgi : le développement d'un mystérieux « syndrome de la cabane ». Loin de se précipiter dehors pour renouer avec une vie sociale intense, une partie de la population a regretté le retrait, l'isolement et la claustration générés par la covid-19.

Propice à l'introspection, à la créativité, à la méditation, le confinement a donné l'occasion à certains d'échapper à un monde jugé compétitif, bruyant et dangereux. Le télétravail a ouvert les portes d'une vie professionnelle possible loin des autres. Jusqu'alors, les situations d'isolement volontaire étaient rejetées à la marge ou à la pathologie.

D'une timidité pouvant être qualifiée d'extrême, les anxieux sociaux tentent par tous les moyens de se soustraire aux relations interpersonnelles en improvisant des stratégies d'évitement. Ces as du prétexte souffrent du regard d'autrui, de son jugement, de sa supériorité supposée. Le retrait social leur tient lieu d'antidouleur.

Au Japon, le cas des *hikikomori*, jeunes gens choisissant la claustration volontaire, est évoqué depuis le milieu des années 1990. Parce qu'ils sont malmenés à l'école ou qu'ils se sentent écrasés par les attentes qui pèsent sur eux, ces collégiens ou lycéens préfèrent sortir du circuit scolaire et se retrancher dans leur chambre face à un écran. Cette situation peut durer des années, voire des décennies. Elle n'est aujourd'hui plus spécifique au Japon, et les professionnels de la santé constatent l'existence de *hikikomori* américains, italiens, espagnols, français, etc.

Facilité par la démocratisation d'internet, le retrait social se dessine parfois sous les traits d'un « changement de vie ». Effrayée par les prédictions apocalyptiques de certains climatologues, une partie de la population, parfois abusivement qualifiée de « survivaliste », se retire dans les campagnes pour réapprendre les savoir-faire ancestraux et s'acheminer vers l'autosuffisance. L'autre, c'est-à-dire le pollueur, le consommateur, voire l'irresponsable, est placé à bonne distance.

Introduction

Quelle est la part de choix réel dans la réclusion délibérée ? Quelles en sont les implications ?

Les casaniers ont toujours existé. Capables de mener une existence hybride, mêlant solitude et relations humaines, ces derniers refusent de forcer leur nature. Ils souhaitent vivre comme ils l'entendent, plutôt entre leurs murs, sans se soucier des appels de la société à pratiquer un sport, voyager, se rendre à tel ou tel spectacle, etc. Leur décision procède d'un choix. Plutôt soirée télé que cinéma, plutôt livraison à domicile que restaurant, plutôt lecture que voyage. Aux yeux des autres, ils sont souvent dépourvus de tout prestige : le casanier ne fait pas rêver, on le juge routinier, apathique, sauvage, peu curieux du monde, presque pathétique. Reste qu'il est libre de changer s'il le désire.

Lorsqu'il est motivé par la peur des autres ou la crainte d'une catastrophe, le retrait social n'est plus un choix, mais la conséquence d'un secret jugé honteux, d'une « infirmité » qui paralyse. Pour ceux qui craignent plus que tout le regard des autres ou la survenue d'un drame, le domaine du « possible » se réduit comme peau de chagrin. Le plaisir s'efface derrière l'effort à accomplir. Honorer ses obligations devient impossible. Les personnes en proie à certains troubles anxieux ne se joindront pas à des activités collectives, n'oseront pas se rendre à un entretien professionnel, et dans les cas extrêmes, ne pourront même plus pénétrer dans un magasin. Prisonnières d'une cellule sans barreaux, elles disparaîtront peu à peu de la société, au grand dam de leurs proches, incapables de leur venir en aide.

Autodénigrement, faible estime de soi, peurs paralysantes sont le lot de ces ermites modernes. Rien d'irréversible, pourtant, à cette condition. Des solutions existent pour sortir de cette spirale de l'enfermement : thérapies, exercices respiratoires, méditation, associations, groupes de soutien, analyse transactionnelle, théâtre et sevrage numérique sont autant de méthodes susceptibles d'être employées pour enrayer un processus d'isolement.

1

La phobie sociale

Les phobies spécifiques sont connues de tous. Tel individu bondira à la vue d'une araignée (arachnophobe), tandis que tel autre sera effrayé à la perspective de prendre l'avion. Premier réflexe dans ces deux cas ? Éviter de se confronter à l'objet de la peur en prenant la fuite ou en imaginant des alternatives pour y échapper. Parce qu'elles sont circonscrites à un objet spécifique (insectes, avion, reptiles, ascenseurs, aiguilles, etc.), ces peurs handicapent certes ceux qui en sont atteints, mais ne les empêchent pas de mener par ailleurs une vie épanouissante. À l'inverse, lorsque l'objet de la peur est l'autre, le semblable, l'existence devient rapidement un chemin de croix. Pour les personnes souffrant de phobie ou d'anxiété sociale, la vie est une aventure pénible où les situations à risque sont omniprésentes. Remplir un formulaire administratif sous l'œil d'une secrétaire, prendre part à une réunion, participer à un cocktail, réclamer son dû auprès d'un client et parfois même acheter une baguette de pain sont autant d'épreuves qu'un anxieux social doit affronter quotidiennement. Vivant ses difficultés dans une grande honte, il a pris l'habitude de les taire. Comment confesser la peur d'une vendeuse, d'un concierge, d'une pharmacienne ou d'un garagiste sans provoquer l'incompréhension, ou pire, les moqueries ? Et d'ailleurs, à qui se confier ? Ce trouble a vocation à rester à l'état de secret et, en tant que tel, suscite chez toute personne qui le porte une même inquiétude : celle d'être percée à jour. Mais comment ne pas être découvert, alors que le corps trahit si volontiers les tourments intérieurs de chacun ? Avant de décrire plus en détail les symptômes de l'anxiété sociale, il convient de procéder à un bref rappel terminologique qui nous permettra de distinguer l'anxiété sociale de troubles voisins.

L'anxiété sociale n'est pas...

... la timidité

En 1978, le film *Je suis timide, mais je me soigne* paraît sur les écrans. Héros de cette comédie, Pierre Richard, timide maladif, fait appel à Aldo Maccione, obscur représentant du non moins obscur IPA (Institut de psychologie avancée). Rassurant, ce spécialiste répertorie quelques cas de timidité vaincue afin de rassurer son « patient ». Compulsant ses notes, il évoque les exemples les plus notoires : « Stendhal, incapable de saluer sa logeuse, six mois plus tard, écrit *Le Rouge et le Noir.* [...] Robespierre, en 1788, n'ose pas inviter Marie-Laure, sa cousine, à danser le menuet. 1790, il instaure la Terreur et fait couper 120 000 têtes... »

Conscient d'avoir produit son effet, le spécialiste déroule sa démonstration, présentant les conséquences du manque d'assurance : « Le drame de la timidité [...] c'est qu'elle ronge les ailes de l'ambition. » Et de soumettre un questionnaire à son patient afin d'évaluer son degré de timidité : « Que redoutez-vous le plus : tomber sur un cadavre, écraser un insecte rampant, être invité dans un cocktail ? » Sans hésiter, Pierre Richard choisit la troisième hypothèse. « Un rat crevé, un fantôme, un agent de police ? » Naturellement, la troisième hypothèse est encore retenue.

La scène peut prêter à sourire, mais reflète très bien la psychologie des timides maladifs. En plus de préférer la confrontation à un cadavre au simple exercice du cocktail, le timide en convient volontiers, son anxiété vis-à-vis des autres est telle qu'elle menace son ambition. La peur d'être embarrassé en public décourage l'audace et fait trop souvent revoir un plan de carrière à la baisse. Si timide et anxieux social se rejoignent sur ce point, ils se différencient dans leur manière de vivre leurs angoisses au long court.

Dans l'ouvrage *La Peur des autres, trac, timidité et phobie sociale*, Christophe André et Patrick Légeron observent que « le timide [...] redoute en particulier les premières fois, alors que son angoisse s'apaise au fil des rencontres, tandis que c'est précisément l'inverse qui se produit dans les formes pathologiques d'anxiété sociale. » En d'autres termes, le timide serait capable de s'adapter aux situations en faisant du temps son allié, tandis que l'anxieux social verrait ses craintes aller *crescendo.* L'expérience ne lui serait ainsi d'aucune utilité, puisqu'au lieu d'apaiser ses angoisses, elle les alimenterait.

Le dictionnaire Larousse définit la timidité comme un « manque d'assurance, un manque de hardiesse dans ses rapports avec autrui ». C'est omettre un élément central de la timidité, celui du corps, vécu comme un fardeau. Voilà pourquoi la définition qu'en donne Henri Bergson dans *Le Rire* parlera sans doute davantage aux timides, mais aussi aux anxieux sociaux : « C'est là encore ce qui rend la timidité un peu ridicule. Le timide peut donner l'impression d'une personne que son corps gêne et qui cherche autour d'elle un endroit où le déposer. » Il est notable que timides et anxieux sociaux ont en commun de percevoir leur corps comme un traitre immaîtrisable. Il est l'adversaire. Manières empruntées, gaucherie, raideur, chaque personne mal à l'aise en société reconnaîtra bien là les signes qui révèlent son mal-être, contre sa volonté. Nous verrons comment essayer de reprendre la main sur le langage corporel en pratiquant divers exercices.

... *le trac*

Chacun d'entre nous a déjà fait l'expérience du trac au moins une fois. Contrairement à la timidité ou à l'anxiété sociale, il a la particularité (et l'avantage !) de ne se manifester qu'en certaines circonstances. Prise de parole en public, examen, performance artistique, etc. sont autant d'instants clés au cours desquels il peut surgir. À condition qu'il soit un tant soit peu maîtrisé par celui qui le subit, le trac n'a pas que de mauvais côtés. Il peut amener certaines personnes à se surpasser, grâce à l'adrénaline. Artistes, politiques, sportifs, dirigeants d'entreprise sont continuellement incités à composer avec leur trac.

... *l'agoraphobie*

Trouble anxieux parfois confondu avec l'anxiété sociale, l'agoraphobie s'en distingue pourtant, car les ressorts ne sont pas les mêmes. Les personnes agoraphobes redoutent les lieux publics, craignant de ne pas pouvoir s'échapper en cas de danger et de voir ces lieux devenir le théâtre de leur crise d'angoisse. Les transports en commun, les salles de spectacles, mais aussi les lieux ouverts comme les parkings ou les ponts peuvent déclencher chez elles de spectaculaires attaques de panique. Si ce trouble peut conduire aux stratégies d'évitement et, à terme, au retrait social, il ne repose pas sur la peur des autres, mais sur la peur d'un environnement donné. Comme toute phobie, il est propice au développement de méthodes permettant de contourner le problème en cessant de s'y confronter. C'est pourquoi le traitement de ce trouble ne peut passer que par l'exposition à la situation traditionnellement évitée.

… *la misanthropie*

Il ne sera pas vain de rappeler qu'anxiété sociale et misanthropie sont deux choses différentes. Contrairement à Alceste, héros de Molière qui professait « Je veux qu'on me distingue ; et pour le trancher net, l'ami du genre humain n'est point du tout mon fait », les personnes atteintes d'anxiété sociale ne sont pas hostiles à leurs semblables ! Elles les redoutent. La nuance est importante, car dans les faits, les comportements adoptés par les anxieux sociaux ne manquent pas de créer la confusion, tant ils se rapprochent de ceux des misanthropes… La distinction entre eux n'est donc pas à chercher dans leurs attitudes, mais dans leurs motivations. Tandis que le misanthrope se tient délibérément à l'écart de semblables auxquels il voue une détestation sans borne, le sujet phobique se sent comme un lapin à découvert : c'est à regret qu'il choisit son terrier, certain de prendre un risque s'il le quitte...

Selon le DSM-IV, *Le Manuel diagnostique et statistique des troubles mentaux* : « La caractéristique essentielle de la phobie sociale est une peur marquée et persistante des situations sociales ou de performance dans lesquelles un sentiment de gêne peut survenir (critère A). L'exposition à la situation sociale ou de performance provoque presque invariablement une réponse anxieuse immédiate (critère B). Cette réponse peut prendre la forme d'une attaque de panique situationnellement liée ou favorisée par des situations [...] Alors que les adolescents et les adultes ayant ce trouble reconnaissent le caractère excessif ou irraisonnable de leur peur (critère C), cela peut ne pas être le cas chez les enfants. Le plus souvent, la situation sociale ou de performance est évitée, bien qu'elle soit parfois vécue avec une souffrance intense (critère D). »

L'échelle d'anxiété de Liebowitz vous permettra de procéder à une auto-évaluation. Évaluez chaque situation au cours de la dernière semaine, incluant aujourd'hui. Si la situation ne s'est pas présentée, estimez votre réaction comme si elle était survenue. Pour chaque situation, mesurez à la fois le degré moyen de peur ou d'anxiété, et la fréquence à laquelle elle a ou aurait été évitée.

	Peur ou anxiété 0 : aucune 1 : légère 2 : modérée 3 : sévère	Évitement 0 : jamais 1 : à l'occasion 2 : souvent 3 : très souvent
1 : utiliser un téléphone en public		
2 : participer à des activités en petits groupes		
3 : manger en public		
4 : boire en public		
5 : parler à quelqu'un en position d'autorité		
6 : jouer au théâtre, effectuer une performance ou parler devant un auditoire		
7 : aller à une fête		
8 : travailler alors que vous êtes observé(e)		
9 : écrire alors que vous êtes observé(e)		
10 : téléphoner à une personne que vous ne connaissez pas très bien		
11 : parler en face à face avec quelqu'un que vous ne connaissez pas très bien		
12 : rencontrer des étrangers		
13 : uriner dans des toilettes publiques		
14 : entrer dans une pièce où d'autres personnes sont déjà assises		
15 : être le centre d'attention		
16 : parler à une réunion sans préparation		
17 : passer un test d'habiletés ou de connaissances		

	Peur ou anxiété 0 : aucune 1 : légère 2 : modérée 3 : sévère	Évitement 0 : jamais 1 : à l'occasion 2 : souvent 3 : très souvent
18 : exprimer son désagrément ou son désaccord à quelqu'un que vous ne connaissez pas très bien		
19 : regarder droit dans les yeux quelqu'un que vous ne connaissez pas très bien		
20 : effectuer une présentation orale préparée devant un groupe		
21 : essayer de rencontrer quelqu'un dans le but d'avoir une relation romantique ou sexuelle		
22 : ramener un article au magasin pour obtenir un remboursement		
23 : donner une réception		
24 : résister à un vendeur très insistant		

Adaptation française : Pierre Savard, MD, Ph. D.

Si votre score est supérieur à 30, il est probable que vous souffriez de phobie sociale. Plus votre score est élevé, plus vos probabilités de chances d'en souffrir sont importantes.

Aux origines de la phobie sociale

Selon la Haute Autorité de Santé, la phobie sociale toucherait entre 1,7 % et 4,7 % de la population âgée de

18 à 65 ans, avec une fréquence deux fois plus élevée chez les femmes que chez les hommes. Trouble aux origines multifactorielles, la phobie sociale relève à la fois de l'inné et de l'acquis, et comporte en outre une dimension sociologique.

Une peur salutaire

Dans les années 1960-1970, le psychologue américain Paul Ekman s'est attelé à définir une liste de six émotions de base, dites primaires par leurs propriétés universelles : la tristesse, la colère, la joie, le dégoût, la surprise et, bien entendu, la peur. Celle-ci serait un signal d'alarme destiné à nous protéger. Face au danger, elle permettrait à l'individu de s'adapter et de survivre dans son environnement.

Facteurs biologiques

LE RÔLE DE LA SÉROTONINE

Neurotransmetteur, la sérotonine intervient notamment dans la régulation des comportements. Elle exerce une forte influence sur l'humeur. Auteur de *De chair et d'âme*, Boris Cyrulnik, psychiatre, explique dans une interview accordée à *Le Devoir*[1] : « On constate que les petits transporteurs de sérotonine sont hypersensibles. Ils réagissent avec beaucoup plus d'émotivité aux épreuves que les gros transporteurs, beaucoup moins sensibles aux évènements de la vie. » De nombreux chercheurs ont établi des liens entre hypersensibilité et anxiété sociale, la première favorisant la seconde. Toutefois, comme le rappelle Laurie Hawkes dans *La Peur de l'autre : surmonter l'anxiété sociale*, « on peut être hypersensible, ou introverti, sans avoir peur des autres ».

Une question d'amygdale

Professeur de psychologie à l'université d'Harvard, Jerome Kagan s'est intéressé aux « tempéraments » d'individus durant leur petite enfance, opérant une distinction entre « enfants inhibés » et « enfants non inhibés ». Alors que les premiers fuyaient devant la nouveauté, les seconds manifestaient une curiosité certaine à son égard. L'expérience a conduit à l'hypothèse suivante : ces deux types de tempéraments pourraient s'expliquer par une réaction différente de l'amygdale face à la nouveauté.

Facteurs environnementaux

Si un enfant présente un tempérament introverti, sa nature ne changera pas fondamentalement. C'est pour-

1. www.ledevoir.com.

quoi le rôle des parents dans sa socialisation va être essentiel. Témoins des réactions de leurs parents face au monde extérieur, les enfants auront tendance à reproduire certains comportements. Ainsi, si un enfant est élevé par des parents eux-mêmes anxieux, repliés autour de la cellule familiale, en état d'alerte face à la moindre intrusion d'un « étranger », il sera fondé à considérer les autres comme potentiellement dangereux ou menaçants. De la même façon, un enfant timide ne gagnera pas à long terme à être surprotégé par ses parents. Si, à court terme, le fait de prendre les choses en main à sa place peut paraître le sécuriser, cela lui fera aussi saisir toute la mesure de son incompétence : « Les autres savent mieux que moi », aura-t-il le loisir de penser. Il pourra ensuite abdiquer toute prise d'initiative au motif qu'il « ne va pas y arriver tout seul » et se laissera volontiers gouverner par ses aînés. En ne le laissant pas mener ses propres expériences, ses parents ne lui donneront pas l'occasion d'apprendre ni de solliciter l'aide d'étrangers à la famille, d'où l'intérêt de lui montrer comment voler de ses propres ailes. Dans certains cas de figure, l'enfant réservé peut voir sa confiance en lui voler en éclats en raison de réflexions perpétuelles de parents moqueurs, dévalorisants ou culpabilisants. Lorsque l'attaque vient du cocon familial même, les blessures peuvent rester profondes, car si même les proches se muent en agresseurs, que redouter des non-proches ?

Comment donner confiance à son enfant ?

Dans *Mars*, ouvrage écrit en 1975, l'écrivain Fritz Zorn, atteint d'un cancer à l'aube de ses trente ans, relate son enfance sur la rive dorée de Zurich. Dans ce livre-testament, il explique comment ses parents l'ont *éduqué à mort*. En quête perpétuelle d'harmonie et cherchant à tout prix à éviter les conflits, ces derniers lui ont appris une politesse exagérée. Ayant érigé l'absence de désaccords en dogme, ils lui ont également enseigné l'art de tenir l'autre à distance en le traitant en inférieur. La moindre initiative d'un voisin pouvait être jugée « ridicule », le sens critique des parents n'ayant aucune limite. Protégé à l'excès durant ses jeunes années, Fritz Zorn constate : « Ce qu'on m'évitait dans ma jeunesse, ce n'était pas la souffrance ou le malheur, c'étaient les problèmes et, par conséquent, la capacité d'affronter les problèmes. »

Jeune adulte, il manifeste des signes de mal-être qui ne sont pas sans rappeler ceux de la phobie sociale : « Chaque fois que quelqu'un me suivait des yeux, il me semblait que son regard était critique et réprobateur et qu'il trouvait quelque chose à redire. Mais comme j'interprétais ainsi chaque regard, je me mis à redouter qu'il y eût effectivement une foule de choses à redire sur moi. Je craignais que mes vêtements fussent salis ou en désordre, ou de me promener partout, sans m'en rendre compte, une mine contrariée. Dans ma jeunesse, j'exprimais cet état d'une manière très juste en disant que je me sentais comme si je “portais accrochée au cou une corneille morte”. [...] Le pire, c’était quand des filles me suivaient des yeux ; en effet, loin de songer à poursuivre les filles d’un regard admiratif, je ne faisais que guetter le ridicule également chez les femmes. [...] Je n’étais sans doute ni particulièrement beau ni particulièrement laid, de sorte que les filles ont dû parfois me jeter des regards de sympathie, mais même les bons regards, je ne pouvais voir en eux que l’expression de la critique et du mécontentement. Chaque sourire me paraissait moqueur et méprisant ; il va de soi que je ne souriais pas en retour. »

Pour l’écrivain (dont le vrai nom, *Angst*, signifie... angoisse !), il ne fait aucun doute que sa maladie est le fruit de son éducation : « Naturellement j’ai aussi le cancer, ce qui va de soi si l’on en juge d’après ce que je viens de dire. » Si le lien entre éducation et cancer est loin d’être établi par les professionnels de la santé, il n’en va pas de même pour la phobie sociale. Il est admis qu’une éducation fermée, « bunkerisée », pourrait-on dire, est un terreau propice au développement de l’anxiété sociale.

Aussi, les parents, qu’ils soient eux-mêmes anxieux ou simplement casaniers, doivent se montrer vigilants et favoriser les interactions de l’enfant. Ils peuvent par exemple le responsabiliser en l’encourageant à aller acheter des bonbons à la boulangerie, à charge pour lui de s’adresser directement au vendeur ou à la vendeuse, sans l’appui de ses parents. Ils peuvent aussi donner l'exemple en recevant de temps à autre des amis et en s'efforçant de ne pas montrer de signe de détresse face à l'arrivée impromptue de tel ou tel. Changer de trottoir à la vue d'une connaissance que l'on ne souhaite pas saluer ne renverra pas non plus un bon signal, car l'enfant apprendra là une première stratégie d'évitement… Tous les moyens sont bons pour aider un enfant à s'ouvrir au monde : crèche, voyages scolaires, colonies de vacances, invitations de camarades à la maison, pratique d'un sport collectif. Néanmoins, il semble nécessaire de respecter le rythme de l'enfant et de ne pas le pousser à tout prix à toutes sortes d'activités s'il manifeste des peurs réelles. Le simple fait de parler amicalement avec les gens que vous rencontrez le rassurera et stimulera sa capacité d'imitation. Et si votre enfant manque de confiance en lui, mieux vaut éviter de placer la barre trop haut en lui fixant des objectifs (scolaires ou relationnels) inatteignables. Il est important de lui laisser quelques moments d'évasion pour rêver, lire, se détendre, bricoler, dessiner, bref donner libre cours à son imagination. Comme le rappelle très justement la psychanalyste Corinne Maier dans son ouvrage polémique *No Kids* : « Seul un enfant dont on n'attend pas grand-chose (cela a été mon cas et mes parents n'étaient pas pour autant des monstres) sait et apprécie, devenu adulte, la liberté que cela lui procure : quoi qu'il fasse, il ne décevra pas. »

Les expériences traumatisantes

Si un enfant est d'un naturel introverti, déjà enclin au manque de confiance en lui-même, il pourra accueillir les brimades de camarades comme autant de preuves venant confirmer l'existence d'un danger inhérent au monde extérieur. Le harcèlement scolaire peut par exemple être à l'origine d'une première forme de retrait social prenant racine dès l'adolescence. Même des faits *a priori* anodins peuvent fragiliser l'estime de soi d'un adolescent peu sûr de lui (moqueries relatives à des rougissements intempestifs ou à une prise de parole mal aisée [bégaiement, zozotement], remarques liées à un défaut physique réel ou imaginaire, plaisanteries mal venues sur l'origine sociale des parents, etc.). La peur de rougir, nommée éreutophobie, est parfois considérée comme une variante de la phobie sociale. Elle peut devenir si obsédante qu'elle pousse le sujet à se mettre volontairement en retrait. Il n'est pas rare qu'elle apparaisse dès l'adolescence.

Des explications sociologiques

Nous l'avons vu, les filles sont beaucoup plus susceptibles de développer une phobie sociale que les garçons. L'une des raisons invoquées par les spécialistes est que les qualités attendues chez une fillette ne sont pas forcément les mêmes que celles espérées chez un garçon. En 1973, Elena Belotti, pédagogue et enseignante italienne, écrivait dans *Du côté des petites filles* : « Quand une petite fille vive, créative, pleine d'énergie, se mesure dans les jeux de force avec les garçons, elle éprouve toujours un léger sentiment de malaise et de faute ; elle sait obscurément qu'elle n'est pas approuvée, elle sait qu'elle déçoit l'attente d'autrui, elle a toujours devant les yeux le modèle de la petite fille qu'elle ne parviendra jamais à être. Personne ne se réjouit de sa combativité, de son courage, de sa loyauté, de son indépendance ; on préfère qu'elle soit docile, conformiste, timide et hypocrite, quitte à le lui reprocher par la suite. »

Le fait qu'une petite fille se montre sage, bonne élève et discrète inquiète peu, même si sa discrétion n'est déjà pas sans conséquences (cercle amical restreint ou inexistant, mauvaises notes en participation, réticence à toute activité impliquant une collectivité, comme aller à la cantine, incapacité à prendre le bus de ramassage scolaire, refus d'être inscrite pendant les vacances à un club de voile, club de ski, etc.). Dans *La Peur des autres, trac, timidité et phobie sociale*, Christophe André et Patrick Légeron parviennent au même constat : « Les traits qui vont de pair avec la timidité recoupent ce que l'on considère traditionnellement comme des manières d'être féminines : "douceur, sollicitude, pudeur, réserve"… »

Fait éloquent, pour insulter la réputation d'une jeune fille, on dira volontiers qu'elle n'est « pas farouche », comme si un comportement farouche était un gage de respectabilité. C'est pourquoi de nombreuses fillettes introverties sont un peu laissées à leur sort, car leur attitude ne dérange pas. Au contraire, elle s'inscrit dans une vision archétypale du rôle qu'elles doivent tenir. De façon inverse, les garçons introvertis seront fortement encouragés à sortir de leur coquille, voire bousculés s'ils s'obstinent à rester ce qu'ils sont. On les voudra conformes à un idéal de masculinité, mêlant des facultés d'initiative, de compétitivité et pourquoi pas même d'agressivité. Dans les deux cas, les approches devraient pourtant converger : une attitude compréhensive, respectueuse de la nature de l'enfant, associée à une offre riche d'activités collectives. Ne pas abandonner les filles, ne pas sursolliciter les garçons permettrait d'éviter le piège de l'enfermement dans un comportement dans le premier cas et de la mystification dans le second (car un garçon sommé de changer aura vite fait de singer des comportements qui ne sont pas les siens et de travestir sa nature propre, quitte à en souffrir durablement). Le tout en partant d'un postulat très clair : l'anxiété sociale ne profite à personne.

Les différents visages de l'anxiété sociale

Dans une interview accordée à *Pharmagazine*, le Dr Serge Gozlan explique : « Quatre familles de situations sociales peuvent déclencher l'anxiété. [...] La première est liée à la performance : la personne doit prendre la parole en public, passer un examen, donner un cours, faire une présentation professionnelle, bref, toute situation où elle sera en position d'être "jugée" par le public. La deuxième catégorie concerne l'interaction informelle : se révéler, parler de soi, avoir une interaction plus personnelle avec quelqu'un. La troisième se rapporte à l'assertivité : défendre ses droits, exprimer un désaccord, refuser, critiquer, donner son avis, bref, s'affirmer. La dernière catégorie est celle de la peur la plus primitive : être regardé, observé par les autres, par exemple en train de marcher, d'écrire, de travailler ou de manger. »

En partant de ce canevas, nous allons nous employer à définir plus précisément les diverses facettes de la phobie sociale.

La peur de ne pas être à la hauteur

L'anxiété de performance peut revêtir des formes diverses. Elle est susceptible de se manifester dans toute situation impliquant une évaluation, réelle ou supposée, d'autrui. De l'étudiant qui remet sa copie au sportif qui accomplit un sprint, en passant par le jeune diplômé qui passe un entretien ou l'amoureux qui tente une approche, chacun est confronté tôt ou tard à un verdict, positif ou négatif. Manichéennes face à la performance, les personnes atteintes de phobie sociale ne pratiquent pas la philosophie nietzschéenne du « Ce qui ne me tue pas me rend plus fort » – pensant que ce qui ne les a pas tuées a tout de même bien failli le faire – et encore moins l'optimisme churchillien : « Le succès est d'aller d'échec en échec, sans perdre son enthousiasme. » Au contraire, chaque échec leur donne l'impression d'une humiliation insurmontable et semble baliser le terrain pour d'autres échecs à venir. Problème : leur niveau d'exigence avec elles-mêmes est tel qu'elles auront tendance à considérer comme des échecs ce que d'autres verraient comme des semi-réussites et d'autres encore de francs succès ! L'anxieux social se juge à tout instant inepte, pris en flagrant délit d'inculture, d'amateurisme professionnel, d'illogisme ou, n'ayons pas peur des mots, de bêtise crasse. Il est celui qui ne prendra pas la parole en réunion, même s'il pense détenir un argument de poids, celui qui ne repassera pas un examen alors qu'il a toutes les chances de l'obtenir, celui qui ne franchira pas la porte des ressources humaines au moment d'un entretien d'embauche, car il est « sûr de se planter ». Ces personnes sont bien souvent confrontées à une double peine ; la première étant l'inévitable stagnation à laquelle leur handicap social les mène, la seconde étant l'incompréhension, voire l'animosité de leur entourage. Il est en effet fréquent qu'un mauvais procès leur soit fait : on leur reproche leur orgueil monstre les poussant à se soustraire à toute évaluation, lorsqu'on ne les soupçonne pas de se dévaloriser à dessein, dans l'unique but d'obtenir des compliments. C'est être loin du compte ! Un échec est plus qu'une estime de soi déjà fragilisée ne peut supporter. Il est encore plus violent quand les attentes placées en un enfant ont été élevées. Hélas, de dérobade en dérobade, les phobiques sociaux se rapprochent inéluctablement de ce qu'ils redoutent : l'insuccès, le fiasco, la déconfiture. La phrase d'Aldo Maccione qui pouvait prêter à sourire dans *Je suis timide, mais je me soigne* revêt alors un tout autre sens. Oui, « le drame de la timidité, c'est qu'elle ronge les ailes de l'ambition ». Poussant à la fuite puis à l'inertie, elle débouche finalement sur le renoncement. Le prix à payer pour briller est trop élevé ; s'il faut en passer par les affres de l'angoisse et de l'humiliation, autant rendre les armes… À cela s'ajoute un isolement qui ne cesse de s'aggraver : parce qu'il stagne ou échoue, l'anxieux social se détache peu à peu du monde qui l'entoure. Voyant ses pairs progresser quand lui-même reste arrimé à son insuccès, la honte s'empare de lui. Le spectacle des réussites alentour le renvoie chaque jour à son incompétence, d'où le soulagement qu'il trouve dans le retrait social. Semblable aux singes de la sagesse, il répète dans le secret de son lieu de réclusion : ne plus rien voir, ne plus rien dire, ne plus rien entendre…

Conséquences dans la vie professionnelle

Dans un best-seller paru en 2018, *Sorcières, la puissance invaincue des femmes*, Mona Chollet se livre à de surprenantes et touchantes confidences : « Par bien des aspects, je suis stupide. En toutes circonstances, et depuis toujours, s'il s'agit de poser une question idiote ou de formuler un commentaire absurde, à tous les coups, je suis la femme de la situation. Il m'arrive de surprendre un regard incrédule posé sur moi et de deviner que cette personne est en train de se dire : "Pourtant, il paraît qu'elle écrit des livres…" ou "La vache, ils engagent vraiment n'importe qui au *Monde diplomatique…*" J'en retire le même sentiment de honte que si j'avais trébuché et effectué un vol plané. »

Les mots choisis, les sentiments décrits pourraient renvoyer de nombreux anxieux sociaux à leurs propres angoisses : la crainte de paraître ridicule, le sentiment d'être jugé, le syndrome de l'imposteur… Une preuve, s'il en fallait une, que le doute n'empêche pas la réussite.

Malheureusement, dans de nombreux cas, l'angoisse de performance entrave l'ascension professionnelle de ceux qui en souffrent. Certaines personnes arrêteront leurs études avant l'heure, craignant de ne pas être capables de les mener à terme. D'autres parviendront à décrocher le diplôme et erreront ensuite sans fin dans un monde professionnel valorisant les profils compétitifs et hardis où elles se sentiront totalement inadaptées. À une époque où le CV tend à perdre de l'importance au profit du sens relationnel et où des recruteurs se targuent de recruter « au feeling », les anxieux sociaux n'ont qu'à bien se tenir. Car avec eux, le fameux *feeling* ne risque pas de passer, ne manqueront-ils pas de penser. Bien sûr, pas question non plus de compter sur un quelconque réseau pour leur venir en aide, cette pathologie excluant *de facto* l'existence d'un réseau. Quand bien même il existerait, il est fort à parier qu'un anxieux social n'oserait pas y recourir. La phobie sociale enfante le point limite d'une progression professionnelle. Ceux qui en sont victimes préfèrent parfois renoncer à une promotion si cette dernière implique réunions, participation à des colloques, compétences managériales, etc. Plutôt rester une souris en embuscade derrière un pot de fleurs que de s'exposer au danger… Conscientes de ces réalités, les personnes souffrant de phobie sociale s'orienteront souvent vers des métiers nécessitant peu ou pas d'interactions. Nous verrons plus tard comment le télétravail leur a, de ce point de vue, facilité la vie, si l'on peut dire. Bien avant cela, d'autres métiers pouvaient les attirer pour des raisons évidentes : traducteur, archiviste, veilleur de nuit, jardinier, artisan, etc. Autant de professions permettant parfois de s'épanouir, mais aussi, et surtout, de ne pas croiser un chat.

Dans un ouvrage intitulé *Comment rater complètement sa vie*, Dominique Noguez écrivait : « Avec vos collègues de travail, ne faites aucun effort. Laissez-vous porter par la dialectique spontanée des répulsions mutuelles, des timidités prises pour de la froideur, des "tu ne me parles pas, je ne te parle pas". Fuyez les dîners d'entreprise, les pots de départ en retraite ou, plus pernicieux encore, les boissons ou sandwiches partagés à la pause déjeuner : on commence par un petit café sans sucre bu debout devant la machine et l'on se retrouve pris dans l'engrenage des "verres" après le travail "pour mieux se connaître". Ne cherchez jamais à mieux connaître quelqu'un que vous ne connaissez pas. » Le titre de l'ouvrage est suffisamment éloquent pour que chacun comprenne que ce type de comportement ne mène pas à la réussite. Nous chercherons des alternatives qui, tout en ménageant le besoin bien légitime de solitude que chacun peut ressentir, permettent toutefois de tisser des liens.

COMPAGNONS D'INFORTUNE

Selon le site www.anxiete.fr, 15 % des phobiques sociaux présentent un trouble lié aux substances. Le repli sur soi, le chômage parfois induit par cette pathologie facilitent la bascule. Connu pour son pouvoir désinhibant, l'alcool peut donner aux personnes atteintes d'anxiété sociale l'éphémère illusion de la guérison. Il leur tient lieu de béquille au moment de festivités, leur permet de briser la glace, de surmonter leurs craintes et de faire face à l'autre sans trop de dommages. L'état de bien-être alors ressenti peut pousser les personnes à consommer toujours plus, jusqu'à ce que la moindre appréhension disparaisse, le risque étant bien sûr de développer une accoutumance au produit et d'adopter des comportements dangereux. Une autre des caractéristiques de la phobie sociale est qu'elle favorise les épisodes dépressifs. Et quel autre allié que l'alcool pour étourdir un peu le chagrin lorsqu'une hypothèse jadis redoutée (solitude, cercle vicieux de l'échec professionnel, sentiment de culpabilité grandissant, occasions de se réjouir réduites à néant, conscience accrue de l'absurdité de la situation…) est devenue réalité ? Dans d'autres cas, ce sont les drogues qui peuvent être utilisées, soit pour apaiser (c'est le cas du haschisch), soit pour rendre plus performant (la cocaïne). S'il n'a pas d'effet euphorisant, le tabac fait aussi partie de la panoplie des substances auxquelles les phobiques sociaux peuvent recourir. Ici, c'est au moins autant une manière de combattre le stress que de se « donner une contenance ». En situation sociale, le fait de s'emparer d'une cigarette peut devenir un geste-réflexe.

La honte

Tous les phobiques sociaux le diront, ce qu'ils craignent par-dessus tout, c'est la honte, le ridicule, l'humiliation. Dans *L'Être et le Néant*, Jean-Paul Sartre écrivait : « La honte dans sa structure première est honte devant quelqu'un. Je viens de faire un geste maladroit ou vulgaire : ce geste colle à moi, je ne le juge ni ne le blâme, je le vis simplement. […] Mais voici tout à coup que je lève la tête : quelqu'un était là et m'a vu. Je réalise tout de suite la vulgarité de mon geste et j'ai honte. J'ai honte de moi tel que j'apparais à autrui. Et par l'apparition même d'autrui, je suis mis en demeure de porter un jugement sur moi-même comme sur un objet, car c'est comme un objet que j'apparais à autrui. [...] La honte est, par nature, reconnaissance. Je reconnais que je suis comme autrui me voit. »

Ainsi l'on comprend que la honte ne peut exister sans l'autre et qu'elle existe même par l'autre. Serge Tisseron, auteur de *La Honte, psychanalyse d'un lien social*, emploie d'ailleurs à son sujet l'expression de *sentiment social.* Ce constat explique pourquoi les phobiques sociaux accordent un tel prix à leur réclusion : grâce à elle, ils ne subissent plus ce sentiment cuisant, puisqu'ils vivent à l'abri du regard d'autrui. Le fait de ressentir la honte traduit pourtant notre humanité. Comme l'observe Boris Cyrulnik dans *Mourir de dire : la honte*, « les pervers n'ont jamais honte, puisque pour eux, l'autre n'existe pas, c'est un pantin qui n'est là que pour leur propre plaisir ».

Vivre sans honte est illusoire, mais vivre dans la hantise de la honte est impossible. C'est le cas des anxieux sociaux, qui ressentent trop souvent et trop intensément la honte. En la matière, le silence semble être le pire ennemi des individus concernés. Ne pas communiquer au sujet de sa honte revient à lui conférer les pleins pouvoirs. C'est ce qu'exprime Serge Tisseron : « Celui qui refuse de parler de sa honte se perçoit lui-même comme totalement prisonnier de la situation qui la produit. Pour lui, la honte est devenue un symptôme, c'est-à-dire qu'elle ne favorise pas le dégagement de la situation, mais, au contraire, la perpétue. »

Le nœud du problème se situe bien là : comment aborder un sujet par essence tabou ? Comment, par ailleurs, faire état d'une honte qu'*a priori* rien ne justifie ? C'est qu'il s'agit d'expliquer au quidam qu'un coup de fil passé sous l'œil supposé scrutateur d'un collègue les expose de manière quasi certaine à la honte… Un tel aveu paraît tout bonnement indicible, tant il semble acquis que cet aveu même les couvrira de ridicule. D'où une règle muette qui s'impose à la quasi-totalité des personnes souffrant de phobie sociale : ne rien dire, intérioriser, nier, mentir, ériger un mur pour empêcher quiconque de découvrir la vérité. La peur d'avoir honte, la peur d'avoir peur d'avoir honte, la peur que quelqu'un se doute qu'ils ont honte. Pris dans cet étau, le phobique social ne dispose que d'un seul recours ; éviter autant que possible les situations où il risque d'être démasqué. Ce secret jalousement gardé génère son propre drame : devenir un venin à libération prolongée. Empoisonnant les êtres, il est la source des symptômes physiques de la phobie sociale, gorge sèche, mains moites, rougissements, tremblements, tachycardie, si bien que les personnes consultent rarement pour la cause de leur mal-être, mais pour ses conséquences. Certaines sont même surprises que leurs bizarreries portent un nom, tant elles se croyaient intimement et isolément *à côté de la plaque*.

Fuir les relations interpersonnelles

Alors que l'angoisse de performance pouvait d'une certaine manière être objectivement comprise et ressentie par quantité d'individus, la crainte des relations interpersonnelles est sans doute plus difficile à saisir. Pour les personnes atteintes de phobie sociale, l'évaluation ne se limite pas au domaine scolaire ou professionnel, elle est partout. L'univers entier est évaluation. On pourrait dire d'un anxieux social qu'il s'imagine perpétuellement que les autres *l'attendent au tournant* pour se repaître de ses manquements. Dans un roman paru en 1963 et intitulé *Les Célibataires*, Montherlant décrit le personnage de M. De Coantré, homme plein de manies paralysé par la peur des autres. Alors qu'il doit descendre dans le jardin de la résidence pour fermer un robinet d'eau, M. De Coantré se trouve confronté à l'objet de sa terreur, le fils de la femme de ménage : « Seulement, une fois là, au lieu d'aller au robinet, il resta près de la cuisine, et se mit à arracher les mauvaises herbes. Car, pour aller au robinet, il fallait passer près du petit garçon. Le petit garçon l'interpellerait peut-être, il devrait faire la conversation, et cela l'effrayait beaucoup. »

Ayant vécu pendant vingt ans, à l'âge adulte, sous l'aile protectrice de sa mère, l'homme a pris l'habitude de se soustraire à toute forme d'obligation : « À la lettre, pendant vingt ans, M. De Coantré ne sortit plus de la maison du boulevard Arago. Les visites du Jour de l'An, les enterrements de la proche famille (il n'allait à aucun mariage) furent ses seuls contacts avec le monde extérieur. Durant vingt ans, pas une fois il ne sortit après dîner. Il y eut certaines années où, de toute l'année, il ne franchit pas cinq fois la grille du jardin. »

On voit jusqu'où l'isolement peut aller, on mesure aussi à quel point la complicité d'un parent, même si elle ne part pas d'une mauvaise intention, peut être dévastatrice.

De nombreuses personnes atteintes d'anxiété sociale sont affolées par ce que l'on appelle le *small talk*, en d'autres termes, les petites conversations ayant trait à la météo, aux potins du quartier, aux vacances (à raconter), à l'actualité politique, etc. Elles sont capables de paraître dans leur élément en certaines circonstances, par exemple si elles doivent parler doctement de leur domaine de spécialité (sport, médecine, finance, littérature...), mais ne parviennent pas à meubler une conversation improvisée, faite de bric et de broc. M. De Coantré pourrait ainsi passer des heures dans la remise pour éviter d'avoir à « faire la conversation », c'est-à-dire parler de la pluie et du beau temps à cet enfant. Cette peur s'explique aussi par une admiration constante affichée pour les caractères expansifs, dont on louera l'entregent, le bagout, les traits d'esprit, etc. Face à eux, les angoissés du *small talk* se sentent bien peu de choses et peuvent imaginer toutes sortes de stratagèmes pour échapper au supplice du *blanc*. Faire mine de téléphoner, regarder sa montre et hâter le pas, arborer un air préoccupé, plonger la tête dans un journal ou dans son courrier sont autant de répulsifs destinés à éloigner l'ennemi. Souvent, ils se forgeront une image de sauvages, voire de personnes antipathiques, hautaines et franchement misanthropes. C'est un moindre mal, tant que leur secret reste protégé. L'époque moderne, en favorisant les achats à distance, a indiscutablement contribué à l'étiolement du *small talk*. Vêtements, nourriture, livres, films, produits cosmétiques, pratiquement tous les biens de consommation peuvent désormais faire l'objet d'un achat en ligne. Les concierges sont eux aussi en voie de disparition. La route du phobique social se déblaie en même temps que l'engrais donné à sa pathologie par le biais des nouvelles technologies permet à celle-ci de prospérer. Ce qui relevait de la science-fiction est devenu possible : vivre sans aucun contact social ou presque. Une observation à relativiser. Le confinement s'est en effet accompagné d'une utilisation massive du système de visioconférence, indésirable larve qui ronge le cocon que les anxieux sociaux s'étaient constitué à demeure. L'autre ne se trouve plus seulement à l'extérieur de la maison, mais aussi à l'intérieur de celle-ci, apparaissant de manière intempestive sur les écrans. Cet autre qu'ils avaient chassé par la porte en recourant aux achats en ligne revient, après une facétie du destin par la fenêtre, en s'imposant en visioconférence. *Infernum et damnatio…*

L'angoisse de l'intimité

Dans certains cas, la gêne est moins provoquée par les relations superficielles que par celles mettant en jeu le cercle amical. Tourmentés par « la peur de décevoir », un certain nombre de phobiques sociaux préfèrent tenir leurs amis à bonne distance et s'illustrent par de fréquentes esquives. Lorsqu'ils participent à des festivités, ils s'assurent de connaître l'ensemble des protagonistes et se trouvent davantage dans leur élément en adoptant une attitude plutôt passive, tournée vers l'écoute. Là encore, les objectifs qu'ils se fixent peuvent être paralysants : être suffisamment drôles, enjoués, avoir un esprit de repartie, etc. La « gueule de bois » qui s'ensuit est presque automatique. À l'issue d'une rencontre amicale, le constat est toujours décevant et cède bientôt la place à des ruminations : « Je n'ai pas été assez comme ceci ou comme cela. » La « prestation » ne convainc presque jamais celui qui l'a accomplie. L'idée de prestation implique d'ailleurs l'inévitable disparition de toute spontanéité et l'adoption d'un comportement fabriqué, manquant de naturel. Anticipant son échec en société, le phobique social le provoque involontairement. On parle alors de prophétie autoréalisatrice, un concept élaboré par les sociologues Robert King Merton et William Isaac Thomas et que le Larousse définit comme tel : « Prédiction qui, à partir d'une analyse souvent tendancieuse d'une situation donnée, influe sur les comportements de telle sorte que ce qu'annonçait la prédiction finit par advenir. »

Dans ce cas de figure, le postulat de départ est peu ou prou le suivant : « Je ne vais pas réussir à m'intégrer durant cette soirée, je vais dire des idioties et tout le monde me trouvera ridicule. » Convaincu d'être l'invité de marque d'un perpétuel « dîner de cons », l'anxieux social est l'artisan de sa propre déroute et se place lui-même dans des situations embarrassantes (errer dans une maison parce qu'il n'aura pas osé demander où se trouvent les toilettes, garder son manteau à la main si on ne l'en débarrasse pas, partir en cours de soirée sans saluer personne, se comporter d'une manière outrancièrement polie de peur de faire mauvaise impression, à l'inverse, multiplier les plaisanteries douteuses et monopoliser l'attention pour « donner le change », etc.). En outre, ses craintes, s'il s'en ouvre auprès de certains, peuvent lui valoir des remarques acerbes : « Tu n'es pas le centre du monde » « Tout le monde n'est pas focalisé sur toi », lui rétorque-t-on. Cet égocentrisme, si l'on peut dire, repose sur l'intime conviction d'être bizarre, anormal, repérable à dix lieues à la ronde. Certains admettent volontiers être « paranoïaques », tant leur propension à interpréter systématiquement en leur défaveur les réactions des autres se perpétue. L'anxieux social peut aussi être saisi de la peur irrationnelle « de dire ce qu'il ne faut pas ». Une sensation bien étrange, qui pourrait rappeler celle qu'éprouve Noël Schoudler, héros de Maurice Druon dans *La Chute des corps* et qui ressent les premiers signes de la sénilité : « Un bout de phrase qu'il s'était retenu à deux reprises de prononcer lui bourdonnait dans le crâne, comme une guêpe qui cherche à s'échapper d'un bocal. »

Aussi stupéfiant que cela puisse paraître, les phobiques sociaux ont parfois l'impression de ne plus rien maîtriser, ni leur corps, qui rougit, tremble, transpire, suffoque, ni même leurs mots, qui semblent littéralement s'évader de leur bouche de manière anarchique et délirante. Formulant le vœu pieux de passer inaperçu, le phobique social demeure persuadé que sa « tare » va forcément se voir. Tentant de la camoufler, il la porte en bandoulière, de sorte qu'en effet, elle n'échappe à personne. Dans ses rêveries, il s'imagine en phasme, ce drôle d'insecte qui ressemble tant à une feuille que son camouflage lui permet de se fondre dans la nature et d'esquiver les prédateurs. Malheureusement pour lui, l'anxieux social reste bien visible, et sa souffrance se conjugue à tous les temps. En amont, il aura tout le loisir de pouvoir appréhender la situation, le jour J, il verra sa prophétie se réaliser. En aval, il pourra se blâmer d'avoir une fois encore failli.

Les péripéties de la vie amoureuse

Dans une comédie romantique sortie en 2010 et intitulée *Les Émotifs anonymes*, la séduction entre les deux héros prend des allures de torture. Tout commence par une réunion d'émotifs anonymes à laquelle se rend

Angélique (Isabelle Carré), une jeune virtuose de la chocolaterie qui lutte contre son hypersensibilité. Dès le début, le ton est donné lorsqu'une autre anonyme prend la parole : « Je ne sais pas dire non, mais même aux sondages téléphoniques, hein, non et puis... les hommes, j'ose jamais dire non, alors forcément, bah je couche avec tout le monde. »

Trop émue lorsqu'arrive son tour, Angélique perd connaissance avant d'avoir pu prononcer un mot. Reçue par Jean-René (Benoit Poelvoorde) à l'occasion d'un entretien d'embauche, Angélique tente de prendre la fuite avant d'être rattrapée *in extremis* par ce dernier. Elle ignore encore que l'austère Jean-René, qui se retranche derrière une apparence sévère, est atteint du même trouble qu'elle. De son côté, Jean-René tente de résoudre ses problèmes lors de séances chez son psychiatre. Il se remémore son enfance auprès d'un père hanté par la peur de tout : « Pourvu qu'il ne nous arrive rien », répétait-il, à l'envi. Quant à ses relations avec les femmes, il affirme : « Je n'ai pas de problème avec les femmes, elles me terrorisent, c'est tout. »

À force de défis lancés par son psychiatre, Jean-René finit par se rapprocher d'Angélique et l'invite à dîner. Elle s'en étonne intérieurement : « Ça faisait des années qu'un homme ne m'avait pas invitée à dîner, je ne pensais même plus que ça m'arriverait encore, il y a toujours quelque chose que je fais, quelque chose que je dis qui fiche tout en l'air. » Inquiète à l'idée de ne pas savoir quoi dire, Angélique a préparé des fiches pour l'occasion et égrène ses sujets auprès de Jean-René : le conflit au Moyen-Orient, le football, la peinture… Jean-René ne semble même pas remarquer le caractère absurde des questions, tant l'idée de transpirer l'obsède. À intervalles réguliers, il se rend aux toilettes pour changer de chemise, jusqu'à ce qu'il enfile par mégarde un modèle différent. Prenant conscience de sa bévue beaucoup trop tard, il s'évade du restaurant, laissant la malheureuse Angélique seule avec ses fiches…

Si les deux protagonistes sont en plein désarroi au moment de séduire, leurs manières de vivre leurs angoisses divergent. Plus mutique qu'Angélique, Jean-René s'efforce de camoufler sa gêne derrière un air revêche, mais craint en chaque instant que son corps ne le trahisse. Incapable de se taire, Angélique entame un bras de fer avec les « blancs » de toute nature, quitte à dire n'importe quoi. Tout comme Jean-René, elle sait que son corps est son plus redoutable ennemi (hoquets intempestifs, évanouissements répétés, crises de larmes, etc.).

La peur de l'intimité n'est pas étrangère à l'angoisse de performance. Dans l'espoir de plaire, il s'agit de se montrer sous son meilleur jour, de masquer son mal-être, mais surtout d'accepter l'intrusion d'un autre dans une cage-cocon savamment verrouillée. Il s'agit aussi de s'exposer à un jugement, et pas n'importe lequel, celui de l'être aimé. La tentation de renoncer à toute vie sentimentale afin de préserver sa sécurité peut être grande. Plutôt ne rien vivre que de souffrir… Imaginant rarement la réussite comme une possibilité, les anxieux sociaux ont déjà une idée très nette de ce qui les attend : traverser le Styx pour « draguer » et *in fine* subir le rejet. Un rejet qui pourra intervenir d'emblée sous la forme traditionnellement entendue de la « veste » ou du « râteau », ou a *posteriori*, lorsque l'autre, ayant découvert le pot aux roses, choisira de reprendre sa liberté. Dans cette optique, le « pourvu qu'il ne nous arrive rien » du père de Jean-René semble être la prière la plus sage. D'ailleurs, au moment où il croira avoir perdu son grand amour, Jean-René aura une réaction un rien déroutante, mais finalement attendue : « Ouf ! » Le soulagement d'en finir avec un épisode précaire mettant à nu les sentiments et les fragilités, la joie sombre de reconstituer son armure et de se rendre inaccessible. Pour les hommes, la peur de séduire peut se doubler d'une autre hantise, celle de l'impuissance. Dans tous les sens du terme.

La vie amoureuse des anxieux sociaux est ponctuée de défections impromptues, les fameux « lapins », de départs en capilotade, de non-réponses à des messages, de ruptures brutales avec explications fumeuses, de disparitions pures et simples. Être captif d'un autre revient à lui laisser le droit d'explorer l'inexplorable, l'occulte, le sacré, le secret. À moins d'être sûrs d'être en confiance, hypothèse dans laquelle ils se réfugieront dans un coupleforteresse souvent impénétrable pour autrui, les anxieux sociaux opteront pour la solitude ou pour des vies amoureuses alternatives : relations épisodiques, sans engagement ni promesse. Pour couper à d'éventuelles tentatives de séduction, ils emploieront deux voies privilégiées : l'esquive ou la dissuasion. Dans le premier cas, l'objectif sera de se rendre systématiquement indisponible, dans le second, de repousser l'autre par différentes attitudes décourageantes : visage fermé, regard fuyant, réponses monosyllabiques ou fielleuses, etc. L'inquiétude peut aussi prendre le visage de l'altruisme lorsque c'est pour préserver l'autre qu'on le met à distance. Pourquoi lui permettre de nourrir de vains espoirs quand le quotidien sera de toute façon cerné par les multiples empêchements liés à la phobie sociale ? Lorsqu'une relation se limite à la promesse d'une vie en vase clos, l'amour de l'autre semble impliquer que l'on s'abstienne.

L'obsession de ne pas déplaire

Ne pas chagriner l'autre, ne pas heurter sa susceptibilité, ne pas entrer en confrontation, éviter de s'attirer les foudres de quiconque, les anxieux sociaux marchent sur des œufs tant ils s'enjoignent à la discrétion, voire à l'invisibilité. Ils semblent marcher à reculons. Lecteurs attentifs des expressions du visage, ils les interprètent la plupart du temps comme leur étant hostiles. Dans *Belle du Seigneur*, Adrien Deume rêve en secret de réussite ;

mais lorsqu'il se retrouve parmi des supérieurs hiérarchiques, ses ambitions entrent en dissonance avec sa nature profonde. Ses inhibitions ne lui permettent pas de tisser sa toile. Aussi, le regret d'être ce qu'il est l'envahit peu à peu : « Contre son mur, solitaire et chétif, il souffrait de ne connaître aucun de ces hauts personnages à portée de main, offerts et interdits. Il aurait tant aimé aller serrer des mains, dire *hello how are you, nice to see you*, causer avec ces rois de la vie, briller par des reparties à la fois spirituelles et sérieuses, et surtout, se faire taper fort sur l'épaule par un important. [...] Soudain, il transpira, persuadé que Sir John Cheyne avait froncé les sourcils en rencontrant son regard. Épouvanté d'avoir été repéré oisif en ce lieu de grandeurs où il n'avait que faire, il fit demi-tour et se dirigea vers la sortie d'un pas qu'il voulut décidé et honnête, modeste, mais sans reproche, en service commandé. Sain et sauf dans le couloir, il se hâta vers le doux refuge de sa cage. »

L'extrait nous renseigne sur l'attitude physique d'Adrien (contre son mur, solitaire et chétif), son mal-être interne (il transpire, il est épouvanté), son interprétation, peut-être erronée, des expressions des visages qui l'entourent (il suppose avoir vu des sourcils froncés), et surtout, sur le moyen employé pour mettre fin au supplice : se hâter vers le « doux refuge de sa cage ». Parce qu'il a eu peur de déranger ou d'être indésirable, Adrien a préféré battre en retraite. A-t-il vraiment déplu ? A-t-on seulement remarqué sa présence ? Rien n'est moins sûr.

Dans *La Peur des autres, trac, timidité et phobie sociale*, Christophe André et Patrick Légeron relatent les travaux de certains chercheurs ayant établi des parallèles entre le comportement des phobiques sociaux et celui constaté dans le monde animal ou chez des hommes dans des temps primitifs : « Il est probable qu'à des époques plus reculées, la rencontre d'hommes inconnus ait pu représenter un réel danger, de même que la confrontation d'un individu isolé au regard de tout un groupe, le fait d'être observé par autrui (le regard fixe est dans beaucoup d'espèces animales un préliminaire à des comportements d'agression), le face-à-face avec un individu dominant ou la révélation de signes d'appréhension ou d'émotivité (qui traduirait une vulnérabilité). [...] Ainsi, l'intimidation ressentie face à des individus affichant les attributs du pouvoir rappelle les conduites de soumission face aux individus dominants dans le monde animal. L'appréhension ressentie par les personnes lorsqu'elles arrivent dans une soirée correspond à l'appréhension ressentie lors de la pénétration dans un territoire qui n'est pas familier, l'inconfort face à un interlocuteur silencieux nous regardant fixement peut finalement rappeler la phase de préagression d'un prédateur. »

Pourquoi les anxieux sociaux seraient-ils restés « bloqués » aux temps primitifs quand les autres hommes auraient vu leur inquiétude décroitre au fil des siècles ? La cause serait selon cette hypothèse un dérèglement de leur « système d'alarme naturel. [...] Leur anxiété se déclenche trop tôt, trop vite, trop fort, dans des situations banales aux yeux des autres personnes. Ils détectent trop rapidement des “signaux de danger” et se montrent hyposensibles aux “signaux de sécurité”. »

Pour préserver l’harmonie et ne pas entrer en collision avec des personnes dont ils redoutent les réactions, les anxieux sociaux opteraient ainsi pour la fuite ou pour la soumission. Dans la vie de tous les jours, cela se traduit par ce que l’on pourrait appeler des défaites consenties. Parce qu’ils peinent à s’affirmer et plus encore à dire « non », les phobiques sociaux sont les premières victimes des escrocs en tout genre. Prompts à les repérer, ces derniers n’hésitent jamais à tirer parti de leurs faiblesses et à exploiter le bon filon de l’extrême timidité. Faire valoir ses droits auprès d’une administration, rapporter dans un magasin un appareil défectueux et contester une facture comptent parmi ces situations si anxiogènes qu’elles donnent généralement lieu à une capitulation. Plutôt se faire rouler que de hausser le ton, car que se passerait-il s’ils le faisaient ? Une bagarre ? Une plainte déposée contre eux ? Des menaces ? Du harcèlement ? Une humiliation publique ? De quoi la nature humaine est-elle bien capable ? Que leur réserve-t-on ?

Rarement contestataires, l’anxieux social comme le timide sont des oubliés en puissance en même temps qu’ils constituent des suspects de choix. Faute d’entendre leur voix, on pourra par exemple les laisser des heures dans une salle d'attente jusqu'à ne plus remarquer leur présence. Leur capacité à obtempérer et à formuler des « oui » réflexes peut les pousser au bord du précipice. C'est ainsi qu'en 1989, Patrick Dils, adolescent introverti et solitaire, se retrouva condamné à la réclusion criminelle à perpétuité pour le meurtre de deux enfants. N'ayant pas eu la force de résister à la pression des policiers, il avoua des crimes imaginaires avant d'être blanchi, près de quatorze ans plus tard, à la lumière de faits nouveaux.

Professionnellement, nous l'avons vu, les anxieux sociaux occupent rarement un poste en adéquation avec leur niveau d'études. S'ils ont organisé leur vie autour de leur pathologie, ils peuvent se distinguer dans une discipline n'impliquant aucune ou peu d'interactions, par exemple dans le domaine artistique (peinture, écriture, sculpture, etc.). Peu de métiers offrant un tel luxe, ils se faufilent généralement dans une entreprise en espérant qu'on ne les remarquera pas trop. Doutant constamment de leur propre valeur, ils hésiteront toujours et renonceront souvent à demander une augmentation. Leurs raisons pourront être diverses : ils pourront craindre d'offenser leur interlocuteur, de paraître cupides, de s'attirer des ennuis (ne va-t-on pas les « saquer » en conséquence ou alors chercher à recruter quelqu'un d'autre) et de ne pas être à la hauteur de leurs prétentions. Dans ce dernier cas de figure, ils appréhenderont d'éventuelles remarques visant à les culpabiliser (« c'est pour un tel travail que vous estimiez mériter une augmentation ? »).

Dans la mesure du possible, ils font donc profil bas, ce qui ne les empêche pas, parfois, de se placer malgré eux en situation d'insubordination. Il en va ainsi lorsqu'un supérieur hiérarchique leur demande par exemple d'exécuter une tâche inhabituelle dont ils se sentent incapables, comme téléphoner à un client. Tiraillé entre deux principes contradictoires, ne pas se faire mal voir et éviter à tout prix les appels téléphoniques en public, ils adopteront de préférence une ligne de conduite intermédiaire consistant à laisser courir ou à biaiser. Au lieu de passer un coup de téléphone, ils enverront un e-mail… Ce mécanisme de procrastination a vocation à se répéter chaque fois que les anxieux sociaux sont acculés à accomplir une action qui les met mal à l'aise. Incapables de formuler un « non » tranchant, ils opteront pour des formules alternatives (« on verra », « on en reparle plus tard », etc.) leur permettant de gagner du temps. En pratiquant la politique de l'autruche, ils espèrent ni plus ni moins que la situation problématique finira par disparaître, grâce à un miracle. On peut être anxieux social, mais avoir la foi…

L'auto-observation permanente

Dramaturge allemand du XXe siècle, Bertolt Brecht a donné naissance au concept de *distanciation*. Dans son théâtre, la distanciation se manifeste notamment par un divorce consommé entre l'acteur et son personnage.

L'acteur cesse de s'identifier à son personnage et s'en éloigne, en adoptant à son égard une attitude critique.

Les anxieux sociaux sont d'involontaires adeptes de la distanciation brechtienne. Loin de faire corps avec eux-mêmes, ils se désolidarisent constamment de leur « personnage public », en le jugeant, en le méprisant, en le reniant presque, pratiquant l'autodénigrement avec constance. Hyperconscients d'eux-mêmes, ils se visualisent en train d'agir au lieu de vivre pleinement les situations. Une *maladie*, pour Dostoïevski, qui écrivait dans *Les Notes d'un souterrain* : « Je vous en donne ma parole, messieurs, l'excès de conscience est une maladie, une véritable, une intégrale maladie. » Un dialogue intérieur s'établit entre procureur et accusé : « Tu t'es ridiculisé ! Tout le monde te regarde ! » Ou pire : « Nulle, nulle, nulle », comme aime à le répéter Angélique (Isabelle Carré) dans *Les Émotifs anonymes*. Pour cette raison, réaliser certaines actions en public leur est difficile, sinon impossible. Ils éprouveront par exemple une gêne profonde à l'idée de rejoindre une réunion lorsque tout le monde est déjà installé, auront toutes les peines du monde à remplir à la va-vite un formulaire administratif s'ils se sentent observés, préféreront attendre d'être chez eux pour mordre dans leur sandwich au lieu de le déguster sur un banc, perdront leurs moyens au moment de composer le code de leur carte bancaire devant un caissier, etc. Pour eux, chaque être humain est comparable au dieu Argus : doté de cent yeux, l'autre est né pour espionner, épier, scruter chacun de leur mouvement. Une situation d'épouvante pourrait être un accrochage en voiture, car elle catalyserait au moins trois peurs :

1. peur d'interagir avec des inconnus ;
2. peur de s'affirmer et d'être confronté à l'agressivité, en public, d'un conducteur exaspéré ;
3. peur d'être vu en train d'écrire les détails matériels de l'accident.

Beaucoup d'anxieux sociaux ont au moins autant peur d'eux-mêmes que des autres. La certitude d'avoir l'air maladroit et empoté les dissuade de s'exposer en public. L'anxiété sociale peut être, selon les cas, égodystonique, lorsqu'elle vient contredire l'image de soi idéale de la personne, ou égosyntonique, lorsqu'elle est en accord avec les croyances de la personne. Dans le premier cas, la personne souffrira d'une distorsion entre son aspiration et la réalité, ce qui génèrera un sentiment d'incompréhension et de rébellion contre soi-même : « Mais pourquoi suis-je comme cela ?! » Dans le second cas, son appréciation sera plus fataliste, mais pas forcément moins douloureuse : « C'est dans ma nature, je n'y peux rien, je me reconnais bien là. »

La peur n'évite pas le danger, au contraire. Dans le contexte de l'anxiété sociale, elle provoque le danger, déclenchant un schéma dantesque : parce que j'ai peur de composer mon code en public, je vais me tromper, les gens derrière moi vont s'impatienter, l'attention va se focaliser sur moi, etc. C'est la fameuse prophétie autoréalisatrice, déjà étudiée plus haut.

L'ATTAQUE DE PANIQUE

Universitaire un rien suffisante, Camille (Agnès Jaoui dans *On connaît la chanson*) partage son temps entre la rédaction d'une thèse sur les chevaliers paysans de l'an mille au lac de Paladru et l'accompagnement de touristes sur des sites parisiens. Un beau jour, alors que son existence bien organisée ne semble pas laisser place à la moindre faiblesse, Camille est terrassée par l'angoisse. Hyperventilation, impression de suffoquer, évanouissement, la jeune thésarde voit son quotidien bouleversé par la survenue de crises intempestives dont elle ignore la cause et qui tendent à se répéter. Ces crises auront le mérite de la mettre sur la voie de la remise en question et de la tolérance. Plus ouverte aux autres, elle apprendra que d'autres qu'elle, à commencer par Simon (André Dussollier) ou Nicolas (Jean-Pierre Bacri), sont confrontés à des terreurs de même nature. Dans le film, il est question de spasmophilie. Crise d'angoisse et spasmophilie sont régulièrement confondues. La seconde pourrait

être due à une carence en calcium, mais les symptômes de ces deux manifestations d'angoisse sont voisins. Dans une interview accordée au site www.medecines-douces.com, Agnès Jaoui en témoigne. Confessant être elle-même victime de ces épisodes d'angoisse effrayants, elle déclare : « Ce qui m'a formidablement aidée c'est le terme "attaque de panique", expression employée aux États-Unis, où la spasmophilie est reconnue depuis plus longtemps. Savoir que ça va s'arrêter, que c'est juste un moment, une attaque, ça rassure. Je sais que ça va passer, que je ne vais pas mourir. Ça dure quelquefois 5 minutes, des fois 20, des fois plus, c'est horrible, et surtout, j'ai peur de ne pas assurer. J'ai appris toute seule à vivre avec et à tranquilliser des gens qui paniquaient. »
La particularité de la crise d'angoisse réside dans sa survenue parfois impromptue (les personnes ignorent ce qui leur arrive) et sur le malentendu qu'elle génère : par sa violence, l'attaque de panique donne à ceux qui la subissent l'impression d'être en danger de mort. Imaginant souvent être victimes d'une crise cardiaque tant les symptômes sont douloureux et éprouvants, ils contactent les urgences et s'entendent répondre « crise de panique », sans bien comprendre de quoi il retourne. Si la cause d'une crise de panique n'est pas toujours identifiable, dans certains cas, elle

succède à un traumatisme que tel ou tel micro-évènement peut réveiller.
Victime d'un viol dans son adolescence, Flavie Flament décrit dans *La Consolation* sa première crise d'angoisse : « Ce jour-là, j'avais décidé de rentrer à pied d'un rendez-vous avec une productrice du côté de l'église Saint-Augustin. Marcher me faisait du bien. [...] C'est alors que, devant moi, en une seconde, le monde s'était mis à vaciller. Au milieu de la foule qui s'écartait en m'observant, comme une femme à qui on aurait soudainement crevé les yeux, j'avais titubé, les bras tendus dans le vide pour prévenir la chute. Au moment où je perdais l'équilibre, ma main s'était agrippée au dossier d'un banc public, sur lequel je m'étais affalée de tout mon long. Je ne sais pas combien de temps je suis restée là, paralysée, comme vidée de mon énergie, les yeux dans le vague, obsédée par les battements de mon cœur qui résonnaient dans mon crâne, par ma respiration que je tentais d'apaiser, et par ce flot de panique qui s'emportait dans mes veines, tambourinait dans ma poitrine, dans mon corps tout entier. [...] Ce jour-là, je ne savais pas encore que les souvenirs annonçaient leur retour fracassant, mais j'étais certaine d'une chose : ce que je venais de vivre, cette onde de choc émotionnelle, cette conviction que ma mort était imminente, cet anéantissement total de toutes mes fonctions était la plus effroyable

sensation qu'il m'avait été donné d'éprouver. J'ai prié le ciel pour que cela ne se reproduise plus jamais. Il ne m'a pas entendue. »

Le souvenir de la première crise d'angoisse reste indélébile. Son caractère récidivant en fait le terrain privilégié d'une peur obsessionnelle, la *peur d'avoir peur.* Lorsque les crises se répètent, on parle de trouble panique. Parce qu'elles ont peur que « ça recommence », les personnes sujettes aux attaques de panique peuvent arrêter une à une les activités qui les mettent en danger. C'est cette « anxiété anticipatoire » qui pousse bien des personnes anxieuses à choisir le retrait social. Le simple fait d'avoir conscience du caractère psychologique de la crise d'angoisse ne peut en déjouer le mécanisme, même s'il rassure indiscutablement. En outre, les symptômes nés au fil d'une crise d'angoisse (tremblements, palpitations, vertiges, sueurs, engourdissements, sensation de devenir fou) aggravent la peur, de sorte qu'un cercle vicieux s'installe.

Autour de soi, la compréhension ne règne pas toujours. Odile (Sabine Azéma), sœur de Camille dans *On connaît la chanson*, en donne l'illustration, n'hésitant pas à rabrouer sa cadette : « Si je peux te dire les choses, je trouve que tu t'écoutes beaucoup en ce moment. Faut pas te laisser aller comme ça, enfin ! Tu sais, ça dépend énormément de toi.

[…] Faut pas se laisser abattre, hein, ça m'étonne beaucoup de toi, d'ailleurs. »
Pas toujours facile d'entendre minimiser l'importance d'une crise qui rend littéralement la vie impossible…
Aujourd'hui, heureusement, le tabou de la crise d'angoisse tend à se lever, grâce à des prises de parole publiques. Ancienne Miss France devenue médecin, Marine Lorphelin s'est exprimée à cœur ouvert en réponse à un internaute : « Je peux en parler sans aucune honte et je vous encourage à en parler. Le premier remède est d'accepter ses faiblesses. […] Les crises d'angoisse (ou attaques de panique) ont commencé en médecine pour moi… et ne se sont plus arrêtées. Il m'arrivait d'en faire deux à trois par mois quand je vivais à Paris. […] Mon rythme de vie n'a pas aidé, alors j'ai décidé de prendre soin de ma santé mentale, autant que de ma santé physique. Me trouver des loisirs apaisants, me rapprocher de l'essentiel, limiter les facteurs stressants… Aujourd'hui, j'ai appris à les accepter et à les contrôler. »
Grâce à des exercices respiratoires ou de relaxation et à des thérapies reposant sur l'exposition, les crises d'angoisse peuvent être mieux canalisées. Nous ne soulignerons jamais assez l'importance d'une hygiène de vie saine pour mieux les prévenir. Le tabac, l'alcool ainsi qu'un excès de caféine peuvent aggraver certains symptômes tels que la tachycardie. Tisanes, alimentation équilibrée, activité physique

régulière vous aideront à endiguer les crises. Adopter un rythme de vie moins stressant en vous ménageant des moments de repos significatifs peut s'avérer salutaire. Notons que la crise d'angoisse n'est pas l'apanage de l'anxiété sociale, même si elle en est souvent le corollaire.

S'ils étaient dotés d'un superpouvoir, les anxieux sociaux choisiraient sans nul doute l'invisibilité, à moins qu'ils ne caressent le doux rêve de passer au travers des portes, à l'instar du *Passe-muraille*, pour être libres de s'enfuir à tout moment. À défaut d'acquérir un jour de tels dons, ils doivent apprendre à cohabiter avec eux-mêmes et avec les autres. Pour cela, des solutions existent.

Faire face à ses peurs

Au commencement de tout, il y a le tempérament, que le Robert définit en ces termes : « Constitution physiologique de l'individu et traits de caractère résultant de cette constitution. Tempérament nerveux ; sanguin ; actif. »

Auteure de *La Peur des autres, surmonter l'anxiété sociale*, Laurie Hawkes observe : « Les enfants naissent avec des tendances, des goûts, des dons divers. [...]

Les parents ne choisissent pas cette inclination, pas plus que le sexe de l'enfant ou la couleur de ses cheveux. Ce dernier arrive doté d'une certaine “couleur” psychologique, qu'il convient de respecter. »

En plus d'être poétique, l'idée de « couleur » d'un enfant nous renseigne quant à son caractère inné. Sans sceller le destin d'un individu, le tempérament dont un enfant hérite à la naissance va orienter ses choix. L'éducation qu'il recevra (souple, compréhensive, stricte, sévère, etc.) et les expériences de vie qu'il connaîtra (heureuses ou malheureuses) finiront de modeler sa personnalité. Elles pourront soit atténuer cette inclination, hypothèse la plus souhaitable, soit la renforcer.

Essayer de changer la nature d'un individu est aussi stérile qu'offensant. Introvertis, vous ne deviendrez jamais extravertis, et tant mieux. Aucun tempérament n'est supérieur à un autre, et chacun peut briller avec les qualités qui lui sont propres.

Ne pas se dresser contre sa nature

La première étape pour surmonter la peur des autres est celle de l'acceptation et du renoncement à un rêve maintes fois formulé : celui d'être quelqu'un d'autre. Sœurs éloignées de l'anxiété sociale, l'hypersensibilité et l'introversion peuvent en être le terreau, si un enfant souffre d'une éducation inadaptée. Aussi est-il important de ne pas commettre d'impair au départ en respectant les besoins qui sont les siens. Un enfant qui aime s'amuser seul, jouer du piano, lire, observer les insectes ou les étoiles ne doit pas être bousculé sans cesse, car il a besoin de ce temps pour se reposer, réfléchir, imaginer, rêver. Il y va de sa santé mentale. L'encourager à voir des camarades est une chose, l'y contraindre en est une autre. De la même façon, les adultes introvertis ayant développé une anxiété sociale ne doivent pas espérer changer du tout au tout. Il y aurait en la matière plus à perdre qu'à gagner. Ils doivent au contraire s'accorder des temps de respiration, pour être plus enclins, par la suite, à se confronter au monde extérieur. Le temps « épargné » peut être mis à profit pour toutes sortes d'activités : sport, lecture, écriture, peinture. Les bienfaits de l'art-thérapie ne sont plus à démontrer. Vecteur de reconnexion avec sa vie intérieure, l'art-thérapie est souvent utilisée dans le cadre d'une psychothérapie ; mais colorier, peindre, décalquer, coudre, tisser, sculpter sont aussi des activités pouvant être pratiquées en solitaire. En se concentrant sur une tâche, en laissant à leur esprit la possibilité de se fixer sur autre chose qu'elles-mêmes, les personnes anxieuses entreront dans un sas de décompression. Durant ce moment, elles devront être à l'abri de toute perturbation extérieure (téléphone, présence d'hôtes indésirables, etc.). À chacun de trouver le domaine qui lui convient, l'idée étant d'être entièrement « absorbé » par une tâche pour parvenir à ce que les stoïciens en leur temps nommaient l'ataraxie, soit la quiétude absolue de l'âme…

Faire de son corps un allié

Théâtre

Selon la définition de Bergson, vue plus haut, « le timide peut donner l'impression d'une personne que son corps gêne et qui cherche autour d'elle un endroit où le déposer ». C'est bien d'un « encombrant » dont il est question, un corps-déchet dont l'anxieux social voudrait réussir à se départir. Apprendre à se mouvoir dans l'espace, développer une aisance gestuelle, se détourner de soi au profit d'un autre, c'est là tout l'enjeu du théâtre et de l'improvisation. L'anxieux social pourra dans un premier temps voir dans une telle activité la matérialisation de toutes ses peurs : être au centre de l'attention, interagir, jouer de son corps comme d'un instrument alors qu'il voudrait tant l'oublier, etc. Il devrait pourtant se rassurer en songeant qu'au théâtre, l'anxiété sociale est en quelque sorte la norme, l'endroit où les masques tombent et où les fragilités de chacun apparaissent. Nombre de timides et d'anxieux sociaux y ont trouvé le lieu idéal pour s'extérioriser et pour transformer une faiblesse en arme. De Louis Jouvet, Pierre Renoir disait : « On sait mal à quel point il était anxieux, perpétuellement angoissé, peu confiant en lui-même : état général qui se traduisait par un besoin de travail incessant, une constante recherche inquiète… » En incarnant un personnage, le timide touche du doigt un objectif, celui de n'être plus lui-même. Il peut ainsi se rassurer : ce n'est plus lui que l'on jugera, mais l'autre, celui auquel il ne fait que prêter ses traits. Cet exercice d'extériorisation l'aide à se défaire de lui-même en lui permettant d'entrer dans la peau d'un étranger. Lorsqu'elle débutait sa carrière d'actrice, Mélanie Laurent obtint de Gérard Depardieu un conseil précieux : « N'aie jamais peur du ridicule. » Perpétuellement assaillis par la peur du ridicule, les anxieux sociaux trouveront dans le théâtre un exutoire, une manière de l'accepter et même d'en tirer profit. Experts en observation, professionnels du sens critique, vous avez emmagasiné suffisamment d'expériences pour les faire fructifier enfin en les tournant à votre avantage. Car au théâtre, le « ridicule » n'est plus l'ennemi, il peut au contraire être loué. Rien n'est excessif ni inadapté sur scène, et surtout, vous êtes tous, élèves, sur un pied d'égalité. Ici, l'extraverti au contact facile n'a pas plus de chances que le craintif mutique. Cette règle se vérifie chaque jour avec le succès d'actrices et d'acteurs tels que Charlotte Gainsbourg, Sandrine Kiberlain ou Jean Dujardin, qui confessait dans une interview à *TV Mag* : « Je peux avoir les pires audaces devant 10 000 personnes, mais dans la vie, c'est autre chose. »

Yoga

Vous n'êtes peut-être pas prêt à franchir la porte d'un cours de théâtre, d'où l'intérêt peut-être, de vous pencher dans un premier temps sur le yoga, discipline pouvant être pratiquée en solitaire ou à distance grâce à des tutoriels.

Grâce à différentes postures et différents exercices respiratoires, le yoga vise à apporter à ceux qui s'y adonnent un bien-être physique et mental. C'est la conjugaison de ces deux aspects qui s'avère pertinente pour les personnes souffrant d'anxiété sociale, à la fois entravées dans leurs gestes et perturbées dans leurs réflexions par des pensées négatives. Quelques exercices sont particulièrement indiqués :

- **Position de la cigogne** : pieds joints et parallèles, respirez profondément, levez les bras vers le ciel puis penchez le corps en avant, jusqu'à ce que vos mains touchent vos pieds. Cette posture présente l'avantage d'amener la fluctuation du sang vers la tête et de détendre votre système nerveux. Elle est recommandée aux anxieux qui souhaitent « lâcher prise ».
- **Position de l'enfant** : à genoux sur un tapis, les fesses sur les talons, dirigez tranquillement votre front contre le sol, les bras tendus vers l'avant. Une fois cette posture adoptée, fermez les yeux et respirez sans précipitation, à intervalles réguliers.

- **Position du guerrier** : les pieds collés sur le tapis, réalisez un grand pas en arrière avec votre jambe gauche. Dirigez votre pied arrière vers l'extérieur avec un angle de 45 degrés. Le pied avant est quant à lui tourné vers l'avant du tapis, la jambe avant est fléchie, le genou est plié à 90 degrés. Les bras sont levés vers le ciel, de chaque côté des oreilles, le dos cambré vers l'arrière. En dégageant la cage thoracique, cette position facilite la respiration. Elle contribue également au renforcement musculaire.

Cette liste de positions est loin d'être exhaustive et chacun peut trouver, quelle que soit sa condition physique, une posture susceptible de le soulager. Les degrés de difficulté n'étant pas les mêmes, mieux vaut, dans les trois exemples cités, commencer par la posture de l'enfant, accessible à tous.

MÉDITATION

Auteur de *L'Art de méditer*, le moine bouddhiste Matthieu Ricard écrit : « Si nous transformons notre façon de percevoir les choses, nous transformons la qualité de notre vie. Et ce changement résulte d'un entraînement de l'esprit que l'on appelle “méditation”. [...] Habitués à penser que nos défauts sont inéluctables, essuyant des revers tout au long de notre vie, nous en venons à considérer notre dysfonctionnement comme un fait acquis, sans prendre conscience qu'il nous est possible de nous libérer de ce cercle vicieux dont nous sommes las. »

Exercice solitaire par excellence, la méditation est à la portée de tous ; encore faut-il s'accorder le temps de la pratiquer et de favoriser l'émergence d'un contexte de relaxation. Pour cette raison, choisissez un moment opportun où vous ne serez dérangé par aucun élément perturbateur. Le moment de la journée pour lequel vous opterez importe peu, assurez-vous simplement de disposer de quelques minutes. Évitez de laisser des éléments extérieurs parasiter votre esprit et jetez votre dévolu sur un endroit plutôt dépouillé. Pour plus de confort, vous pouvez revêtir une tenue ample ou du moins qui ne vous serre pas. La tradition bouddhiste préconise la position du lotus pour la pratique de la méditation, mais si cette dernière ne vous convient pas, vous pouvez tout à fait vous allonger, les deux mains le long du corps. Définie comme un *entraînement de l'esprit*, la méditation de pleine conscience vise, selon les mots du psychiatre Christophe André, à « tourner son esprit vers l'instant présent ». Méthode laïque, accessible et adoubée par de nombreux scientifiques, elle s'apparente à une pause que l'on s'accorde, un moment suspendu dans le temps, ramenant le sujet vers ses sensations. Différents tutoriels pourront vous accompagner dans vos premières tentatives. L'idée de la méditation n'est pas de vous aider à chasser les idées négatives, encore moins de leur interdire de survenir. Ce serait de toute façon impossible. Cette démarche consiste plutôt à les laisser vous traverser, mais à vous exercer à revenir toujours à l'essence même de la méditation, le souffle, la respiration. Prendre conscience du souffle qui entre dans les narines, être à l'écoute des inspirations et des expirations de son corps, les membres relâchés, l'esprit au repos. Ressentir et non penser est la clé de la méditation. Une fois rompu à cet exercice, vous pourrez le pratiquer en tout lieu, avant chaque moment critique de votre existence. En vous permettant de vous rassembler corps et âme, la méditation vous aidera à lutter contre les méfaits de l'angoisse (pensées désagréables, tremblements, tachycardie). En apprenant à vous concentrer sur l'instant présent, vous serez moins susceptible de basculer dans l'anticipation catastrophiste des évènements à venir.

Apprendre à respirer

Souffle qui vient à manquer, palpitations et douleurs thoraciques sont des symptômes bien connus des anxieux sociaux. Essentiel pour combattre le stress, l'apprentissage de la respiration a aussi fait son apparition dans les entreprises, où les salariés sont parfois invités à regarder des vidéos explicatives.

Cohérence cardiaque

Reposant sur le principe du « 3-6-5 », 3 fois par jour, 6 respirations par minute (5 secondes d'inspiration, 5 secondes d'expiration), pendant 5 minutes, la méthode de cohérence cardiaque, développée par le Dr David O'Hare, a vocation à vous aider à ralentir votre rythme cardiaque.

Respiration abdominale

Souvent pratiquée par les chanteurs d'opéra et les acteurs de théâtre, la respiration abdominale améliore l'oxygénation du corps. Une main posée sur la poitrine, l'autre sur le ventre, inspirez profondément et sans précipitation en gonflant le ventre. Votre main se soulève. Retenez votre souffle cinq secondes, avant d'expirer doucement en rentrant le ventre, jusqu'à ce que tout l'air soit expulsé.

Respiration alternée

Assis, le dos bien droit, bouchez votre narine droite avec le pouce et expirez par la narine gauche. Inspirez par la narine gauche, bouchez celle-ci avec l'annulaire et expirez par la droite. Inspirez par la droite, fermez votre narine droite et recommencez, ainsi de suite, aussi souvent que nécessaire. Utilisée fréquemment lors de la pratique du yoga, cette technique appelle le calme.

Sac en papier

Les personnes souffrant de crises d'angoisse et d'anxiété sociale ont souvent, stockés dans leurs armoires, des sacs en papier (avec une variante en plastique, mais préférez le papier) devenus d'indispensables soutiens lors des moments difficiles. Pour quelle raison ? Invité sur le plateau d'*Allo Docteurs*, le Dr Gérald Kierzek, médecin urgentiste à l'Hôtel-Dieu, en avait expliqué l'intérêt :

« C'est un vieux truc qui fonctionne pas mal. Il y a une hyperventilation, c'est-à-dire qu'on respire très vite, le gaz carbonique sort de l'organisme, qui l'interprète comme un problème respiratoire, ce qui fait hyperventiler encore plus et c'est un cercle vicieux. Le fait de mettre un sac plastique permet de réinspirer le gaz carbonique et donc de rétablir au niveau du cerveau et du sang les taux d'oxygène et de gaz carbonique. C'est interprété comme : "La situation va mieux, je peux me calmer et respirer doucement." »

Économique et facile à mettre en pratique, cette technique évite l'effet d'emballement de la montée d'angoisse et permet, dans un délai relativement bref, de reprendre le contrôle et de se rassurer.

Faire de son esprit un allié

En psychologie cognitive, la notion de *pensées automatiques* est souvent évoquée pour décrire les propos qu'un sujet se tient à lui-même dans une situation donnée. Ainsi, lors d'un entretien d'embauche, il pourra par exemple se dire : « Le recruteur va se rendre compte que je manque d'aisance, il choisira sûrement un autre candidat... » Pétris de pensées automatiques négatives dont ils n'ont pas le contrôle, les anxieux sociaux pâtissent d'un *schéma cognitif* inadapté. Élaboré par Aaron T. Beck, le concept de schéma cognitif s'apparente aux croyances d'une personne façonnant sa compréhension d'elle-même et du monde. Ces croyances sont le fruit de son expérience. Une personne ne souffrant d'aucune problématique particulière aura un schéma cognitif qui se caractérisera par une certaine objectivité. Elle sera par exemple capable de se dire : « Les gens ne sont pas tous agréables, mais généralement, ils sont sympathiques » ou encore « Je vais sûrement redoubler cette année, mais auparavant, j'avais toujours réussi mes examens ». À l'inverse, l'anxieux social dressera un tableau sans concession de sa situation, et son appréciation des faits se distinguera par sa radicalité : « Les gens sont malveillants et ils me jugent » « Si je redouble, c'est que je suis nul ». La nuance ne fait pas partie de son vocabulaire. Les thérapies cognitivo-comportementales (TTC) s'assignent un double objectif : modifier les fausses croyances d'un sujet et l'amener à s'exposer à des situations jugées à risque. Si vous n'êtes pas prêt à vous lancer dans une TTC, vous pouvez tout de même, à titre individuel, vous inspirer de certaines techniques pratiquées lors des séances.

Relativiser ses croyances

Il s'agit ici d'essayer de juger les situations avec la plus grande impartialité. Vous munir d'un carnet pourra vous être utile. Ce que vous devez faire, c'est vous livrer à un exercice d'évaluation après-coup en récapitulant le positif et le négatif. L'objectif est de mettre fin à une certaine forme de censure du bénéfique que pratiquent, sans le vouloir, les anxieux sociaux. Si vous êtes allé chez des amis et que vous n'êtes pas satisfait de l'image que vous avez renvoyée, essayez de décrire ce qui vous a dérangé. Essayez aussi de vous souvenir de ce qui, sur le moment, a pu contrebalancer cette impression désagréable (après un temps d'adaptation, n'avez-vous pas fini par tisser des liens avec tel ou tel ? Certes vous vous êtes montré un peu gauche, mais n'avez-vous pas réussi à amuser les convives à certains moments de la soirée ? Ne vous a-t-on pas gentiment proposé de vous raccompagner à l'issue de la soirée ? etc.). Rétablir la vérité, voilà la clé de ce travail. La partialité et la subjectivité ne feront qu'entretenir vos fausses croyances. Pour ne pas avoir à changer, certains éprouvent parfois une sombre satisfaction à se voir confirmer dans leurs pires prédictions : « Je le savais bien que j'allais échouer, c'est toujours pareil. » Cela leur permet de pérenniser le *statu quo* à peu de frais… Autre avantage de cette technique, elle vous permettra de mieux cibler vos craintes et d'effectuer un travail plus efficace pour les contrer. L'anxiété sociale ne prend pas la même forme chez tous les individus. Il est primordial d'arriver à déterminer ce qui vous inquiète, vous, en particulier. Les rapports hiérarchiques ? Le *small talk* ? Le fait d'être observé par les autres ? Quel anxieux social êtes-vous ?

Relativiser ses croyances, c'est aussi en finir avec l'idée selon laquelle l'anxieux social n'a aucune personnalité. À force d'entendre vanter les mérites de personnalités ayant « du tempérament » ou « du caractère », les timides sont encouragés à penser qu'eux-mêmes sont des individus falots et que leur marque de fabrique est l'insignifiance. C'est oublier que votre timidité, si elle est l'une de vos caractéristiques, ne vous définit pas à elle seule. Vous pouvez être timide et créatif, timide et drôle, timide et machiavélique, etc. L'anxiété sociale n'est qu'un fragment de ce que vous êtes, à vous de lui réserver une place raisonnable qui n'occulte pas toutes les richesses qui sont les vôtres.

La mise en situation

Les techniques d'exposition reposent sur un constat : l'angoisse, quelle qu'en soit la nature, finit par baisser si le sujet est placé face à la situation redoutée. Les stratégies d'évitement utilisées par les anxieux sociaux sont donc à proscrire. En contournant le danger, ils ne peuvent l'apprivoiser. L'exposition doit être progressive, car trop brutale et continue, elle pourrait s'avérer décourageante. Vous pouvez par exemple vous imposer un exercice d'exposition par semaine : aller seul dans un café, visiter un musée, inviter des amis chez vous, passer un coup de fil contraignant, etc. Si vous sentez l'angoisse vous envahir, n'hésitez pas à effectuer les exercices respiratoires évoqués plus tôt. Ces expériences, pour peu que vous les pratiquiez avez assiduité, contribueront à vous rassurer et à vous faire gagner en assurance. À mesure que votre angoisse diminue, vous pouvez augmenter la fréquence de ces mises en situation.

Trouver une communication adaptée

Mal à l'aise avec les autres, les anxieux sociaux peinent à adopter une communication adéquate et oscillent entre ce que Christophe André et Patrick Légeron nomment l'attitude *paillasson* ou *hérisson.* La métaphore est suffisamment explicite pour être comprise : entre soumission et agressivité, l'anxieux rencontre bien des difficultés à trouver la juste mesure, le bon dosage. Pour lutter contre son inclination à la résignation, il peut facilement basculer dans le travers inverse, c'est-à-dire l'attaque. Dans les deux cas, le ton qu'il emploie le dessert, car il ne traduit pas bien son état d'esprit. C'est avant tout le sentiment d'illégitimité des personnes souffrant d'anxiété sociale qui explique ces difficultés de communication. Moins elles auront confiance en elles, moins elles se sentiront aptes à faire valoir leurs droits. Là encore, c'est grâce à l'étude d'éléments objectifs qu'elles pourront échapper à ce sentiment. Respecter les codes de politesse ne signifie pas avoir à s'excuser en permanence, surtout si l'on est dans son bon droit ! De la même façon, si reconnaître ses torts est toujours louable, s'accabler sans raison pour ne pas heurter la sensibilité d'autrui n'est pas une solution viable. Vous pouvez vous montrer courtois et conciliant, mais rester ferme sur vos positions si elles vous semblent justes. Retenez par ailleurs que moins vos exigences seront élevées, plus vos interlocuteurs seront enclins à douter de votre valeur et à profiter de vous…

Il est donc important de savoir vous faire respecter, quitte à préparer en amont votre argumentaire. Dans le cadre d'une demande d'augmentation, par exemple, vous pourrez arguer de votre ancienneté, de votre implication, de vos diplômes, de vos réussites de l'année, etc., autant d'éléments tangibles qui rendront votre requête légitime. Si vous n'obtenez pas gain de cause, ne vous formalisez pas, mais négociez. Essayez de comprendre les arguments de l'employeur, demandez-lui clairement ce qu'il attend de vous pour accéder à votre demande, préparez le terrain pour l'avenir. Entendez le « non », mais ne le considérez pas comme un clapet qui se referme une fois pour toutes. Votre réticence à communiquer vous induit souvent en erreur et vous prive surtout de la possibilité de comprendre les motivations des autres. En faisant l'effort d'écouter les arguments qu'on vous oppose, vous apprendrez à mieux les contrer.

La visualisation positive

Nous l'avons vu, à force d'anticiper toujours des catastrophes, les anxieux sociaux préparent malgré eux le terrain pour les provoquer. La visualisation positive est une projection qui vise à vous placer dans de nouvelles dispositions. Si la prophétie autoréalisatrice fonctionne lorsque vos projections sont néfastes, comptez sur elle pour fonctionner aussi lorsque vos projections sont optimistes ! Relaxez-vous, souriez et imaginez cette fois un nouveau film qui soit pour vous réconfortant. Vous pouvez convoquer tous vos sens pour élaborer votre scénario. Faites appel à vos souvenirs, remémorez-vous les sensations agréables éprouvées à telle ou telle occasion, projetez-vous dans l'avenir en vous imaginant sortir victorieux de l'épreuve qui vous attend…

Cherchez des pairs : du bon usage des réseaux sociaux

Près de 30 à 40 % de la population occidentale se considère comme timide, c'est dire si vous avez des semblables ! Certes, l'anxiété sociale n'est pas la timidité, mais cette statistique prouve que de nombreuses personnes ressentent elles aussi une inquiétude face aux autres. Vous avez tout à gagner à évoquer vos difficultés auprès de semblables qui ne manqueront pas de vous en être reconnaissants. En vous exposant, vous inciterez les autres à en faire de même. Les réseaux sociaux peuvent vous permettre d'entrer rapidement en relation avec des personnes souffrant des mêmes difficultés de vous. Tisser des liens à distance peut être un premier pas vers le désenclavement. En tant qu'anxieux social, vous ne manquez sans doute pas d'anecdotes à décrire. Soyez léger, dédramatisez votre situation, faites preuve d'autodérision. Vous n'êtes pas seul, vous êtes une armée !

Volez à votre secours

Conceptualisée par Éric Berne dans les années 1950 aux États-Unis, l'analyse transactionnelle est un outil précieux qui vise à identifier les différents états du moi. Les patients qui recourent à cette méthode apprennent à distinguer trois facettes de leur personnalité : l'Enfant, le Parent et l'Adulte. L'état enfant est celui où se cristallisent les sensations, les peurs, les émotions au sens large. Il correspond à cette part de nous-mêmes en quête d'une grande personne pour la rassurer. C'est justement le rôle du Parent interne. Chez les anxieux sociaux, celui-ci présente la particularité d'être particulièrement critique. Loin d'être protecteur, il est un juge sévère, un ennemi de l'intérieur dont rien n'attendrit la conduite. Aux commandes, l'Adulte est celui qui décide, mais qui va être soumis aux peurs de l'Enfant et aux déraisonnables exigences du Parent. L'objectif de l'analyse transactionnelle est d'étudier ces trois facettes de vous-même et d'analyser leur importance respective dans votre fonctionnement. En vous aidant à adoucir votre Parent interne et à rassurer votre Enfant, elle vous permettra de faciliter la vie de votre Adulte ! Comment y parvenir ? En observant par exemple de quelle manière se comportent les parents pour consoler leurs enfants et en vous tenant un discours intérieur encourageant : « Tu es capable de réussir, ta peur est compréhensible, mais elle va s'estomper, un échec ne remet pas en cause ta valeur, etc. »

Spontanément, nous la pratiquons lorsque nous nous encourageons avant un effort : « Allez, vas-y, tu vas y arriver ! » C'est cette petite voix que nous produisons en nous-mêmes et qui nous fait du bien, lorsqu'aucun proche n'est présent pour nous donner du courage.

Soutien animalier

Aux États-Unis et au Canada, les « animaux de soutien émotionnel » disposent d'un véritable statut et sont reconnus pour leurs aptitudes à calmer les personnes anxieuses. Par leur présence rassurante ou parce qu'ils peuvent être dressés pour détecter les crises d'angoisse ou les cauchemars, les chiens se révèlent souvent d'une utilité précieuse pour les personnes souffrant d'anxiété sociale. Promener un chien peut aussi faciliter grandement les interactions avec les autres puisqu'il détourne l'attention de vous-même ! C'est lui qui devient le sujet de conversation, lui qui endosse le rôle de trait d'union entre les autres et vous. Les chats ne sont pas en reste. Vétérinaire à Toulouse, Jean-Yves Gauchet, à l'origine de la ronronthérapie en France, expliquait dans une interview accordée au *Monde* : « Quand l'organisme lutte contre des situations pénibles – stress, insomnie ou anxiété –, le ronronnement du chat émet des vibrations sonores apaisantes et bienfaisantes, un peu comme la musique. »

Adopter un animal reste un engagement qui implique différentes contraintes. Aussi, dans un premier temps, vous pouvez vous contenter de côtoyer les animaux de loin (en proposant par exemple de les garder quelques heures) et d'apprécier ponctuellement les bénéfices qu'ils peuvent vous apporter.

Ces différentes techniques pourront vous aider à surmonter votre peur des autres, mais si vous sentez que cette dernière devient trop invalidante, une thérapie cognitivo-comportementale pourra s'avérer nécessaire. Le recours à certains médicaments tels que les bêtabloquants utilisés pour réduire la fréquence cardiaque peut vous permettre de lutter contre la tachycardie. Toutefois, leur efficacité sera limitée si elle n'est pas accompagnée d'un soutien psychologique.

2

Le syndrome de *hikikomori* : un antihéros nommé Bartleby

Un adolescent cloîtré dans sa chambre pendant des mois, puis des années, uniquement relié au monde par les écrans. Née au Japon dans les années 1980, la figure du *hikikomori* pousse à s'interroger. En avançant le chiffre d'un million de jeunes Japonais touchés par ce mystérieux syndrome à la fin des années 1990, le psychiatre Tamaki Saito a déclenché une inquiétude mondiale. Dans un ouvrage paru en 2017 et intitulé *Génération hikikomori*, Nicolas Tajan avançait plutôt le chiffre de 696 000 Japonais concernés par le syndrome de *hikikomori*, estimation plus faible, mais qui demeure tout à fait préoccupante.

En 1967, dans un court livre intitulé *Un homme qui dort*, Georges Perec brosse le portrait d'un homme gagné par l'indifférence, la solitude et l'oubli de soi. L'utilisation du tutoiement donne au lecteur l'impression de voir son mal-être, disons plutôt son « flottement » décrit par l'auteur : « Tu relèves les yeux, tu t'arrêtes de lire, mais tu ne lisais déjà plus depuis longtemps. [...] Bras et jambes repliés, tu te couches de côté sur la banquette étroite. [...] Plus tard, le jour de ton examen arrive et tu ne te lèves pas. Ce n'est pas un geste prémédité, ce n'est pas un geste, d'ailleurs, mais une absence de geste, un geste que tu ne fais pas, des gestes que tu évites de faire. » L'auteur ne fournira pas d'explication psychologique tendant à éclairer le comportement de son héros. Tout à coup, et sans l'avoir anticipé, le personnage a simplement fait un pas de côté, quitté le chemin tout tracé, rompu avec une existence standardisée, une abstention ayant mené à une autre abstention. Ne plus se lever, refuser le lancinant rituel des examens, couper les liens avec les proches... Ou comment larguer les amarres sans bouger de sa chambre.

Un peu plus loin dans l'ouvrage, Perec écrit : « Jadis, à New York, à quelques centaines de mètres des brisants où viennent battre les dernières vagues de l'Atlantique, un homme s'est laissé mourir. Il était scribe chez un homme de loi. Caché derrière un paravent, il restait à son pupitre et n'en bougeait jamais. Il se nourrissait de biscuits au gingembre. Il regardait par la fenêtre un mur de briques noircies qu'il aurait presque pu toucher de la main. Il était inutile de lui demander quoi que ce soit, relire un texte ou aller à la Poste. Les menaces ni les prières n'avaient de prise sur lui. À la fin, il devint presque aveugle. On dut le chasser. Il s'installa dans les escaliers de l'immeuble. On le fit enfermer, mais il s'assit dans la cour de la prison et refusa de se nourrir. »

Sans le nommer, Perec vient d'évoquer le personnage de Bartleby, héros de Melville, devenu depuis les années 2000 l'emblème de la figure du *hikikomori.* Connu pour sa réplique : « Je préfèrerais ne pas », Bartleby n'en finit pas de déconcerter son employeur qui, de la patience, passera à la colère, et de la colère, au désespoir. Lorsque, à bout, il finira par interroger son employé sur les raisons de son inaction et de son obstination à ne pas travailler, il s'entendra répondre un énigmatique : « Ne voyez-vous pas la raison de vous-même ? »

Non, ni l'employeur ni le lecteur ne saisiront les raisons profondes de Bartleby, même si un obscur sentiment d'identification les poussera à la compassion. Une chose est certaine : le mal-être de Bartleby est contagieux, et tenter d'en percer le mystère revient à accepter l'idée de se noyer avec lui. L'empathie envers ce héros impavide et désincarné, ce gréviste de l'action, est quasi immédiate.

Bartleby n'est pas un rebelle haut en couleur, il n'a *a priori* ni grande cause à défendre – pas même la sienne – ni système à renverser. Il est tout l'inverse. Au départ discipliné et capable *d'abattre une extraordinaire quantité d'écritures*, Bartleby s'est subitement mué en un individu réfractaire à la moindre tâche. Rien ne l'intéresse ni ne le stimule. Son sort lui est indifférent. Le travail semble le rebuter, pour autant, il ne manifeste aucun désir de quitter l'étude qui l'a engagé ni de saisir la main qui lui est tendue. Bartleby a baissé pavillon. Sans prévenir, comme un robot cassé ayant perdu la capacité d'obtempérer, Bartleby a abandonné le « Oui, Monsieur » pour le « Je préfèrerais ne pas », tout en gardant secrètes ses motivations.

Emboîtant le pas à Bartleby, les *hikikomori* n'allument ni feux de détresse ni feux criminels. Figés dans ce qui paraît s'apparenter à une désapprobation muette, ils ne s'expliquent ni ne s'insurgent, comme pour dire : « Continuez, mais ce sera sans moi. » Initialement repérés au Japon, ils essaiment aujourd'hui dans le monde entier, au point d'inquiéter les professionnels de la santé.

« Les révolutions se font maintenant à la maison », chantait Jean-Louis Aubert. Les *hikikomori* seraient-ils des révolutionnaires malgré eux ?

Interrogeons-nous d'abord sur les causes de ce phénomène, avant d'en étudier les manifestations, les conséquences puis d'analyser le processus de retrait social à plus grande échelle comme étant directement lié à la génération internet. Enfin, nous nous pencherons sur les différents moyens mis en place pour enrayer cette situation de retrait social.

Aux origines du syndrome de hikikomori

D'origine plurifactorielle, le syndrome de *hikikomori* n'entre pas dans la catégorie des maladies psychiatriques. Né au Japon, il a pu être considéré comme un phénomène d'origine culturelle, même si sa diffusion à travers le monde a remis en cause cette interprétation première. Le contexte économique, la typologie des familles, le sexe des individus concernés sont tour à tour mis en avant pour tenter d'expliquer la cause de cette conduite de retrait social qui recouvre une grande variété de comportements. Contrairement aux idées reçues, les cas de retrait social « modéré » (avec repli à l'intérieur du foyer et rares sorties) sont plus nombreux que les cas de retrait social alarmants (où l'individu se barricade littéralement dans un espace clos, en général la chambre).

Les enfants de la « décennie perdue »

Au cours des années 1980, le « miracle économique japonais » prend fin. Alors que les Japonais pouvaient auparavant compter sur un emploi à vie, la nouvelle génération voit son horizon s'obscurcir. L'éclatement de la bulle spéculative compromet l'avenir des jeunes en recherche d'emploi. Déflation, montée du chômage, précarité annoncent l'avènement d'une société dans laquelle « être bon » ne suffit plus. Seules l'excellence et l'habileté relationnelle permettront aux étudiants de se distinguer. C'est dans ce contexte qu'émerge le phénomène *hikikomori*, qui signifie « entrer à l'intérieur ». À cet instant, il peut être important de préciser que le syndrome *hikikomori* préfigure l'entrée massive dans le monde numérique. L'usage d'internet ne peut donc être pointé du doigt lorsqu'il s'agit d'expliquer le surgissement du phénomène *hikikomori*. Internet accompagne indiscutablement le mouvement, il facilite le retrait social, mais il n'en constitue pas la cause.

L'hypothèse culturelle

Au Japon, les relations sociales reposent sur deux notions, que sont *amae* et *seken*. Le psychiatre Takeo Doi a pu considérer la notion d'*amae* comme étant liée au confucianisme. Voici ce qu'*amae* désigne, selon les mots de Cristina Figueiredo, membre du collectif d'auteurs de *Hikikomori, une expérience de confinement* : « *Amae* est le sentiment d'être toujours en lien d'attachement avec des personnes qui obligent. Il permettrait de mieux comprendre les enjeux des relations sociales dans les sociétés d'Asie, où les individus sont sans cesse dans une relation de dépendance et d'obligation vis-à-vis des personnes avec lesquelles ils sont en lien ; ce sont la famille, les enseignants, les patrons, et aussi la société qui observent une forme de contrôle, nommé *seken* ».

Le cortège d'obligations qu'implique la vie en collectivité serait à l'origine du retrait des adolescents qui, pour échapper à cette mâchoire sociétale, choisiraient une forme de fuite dans l'imaginaire.

L'existence d'un syndrome spécifiquement japonais portant le nom de *taijin kyofusho* a pu renforcer la piste de l'explication culturelle. Fondé sur la crainte des relations interpersonnelles, ce syndrome impliquerait pour ceux qui en souffrent la peur d'offenser les autres en raison d'un défaut physique ou d'un comportement inadapté.

Mais l'explication culturelle peut-elle se suffire à elle-même ? Sans doute pas, à en croire, Kunifumi Suzuki, coauteur de l'ouvrage *Hikikomori, ces adolescents en retrait* : « Ce phénomène [...] a été perçu et expliqué par le prisme de certains clichés sur la culture japonaise, comme l'influence du confucianisme [...], la culture de la honte, la société conformiste, l'attente excessive des parents, la société trop compétitive, etc. Mais cette grille de lecture est insuffisante, dans la mesure où le phénomène des *hikikomori* est apparu précisément dans un contexte d'affaiblissement de ces valeurs ou de ces facteurs. Ce sont au contraire les changements culturels qui sont à mettre en lien avec l'apparition des *hikikomori*, et non la culture japonaise traditionnelle japonaise. »

Le ferment de ce syndrome, disons plutôt de cet « état », ainsi que le désigne Tamaki Saito, résiderait donc plutôt dans l'érosion des valeurs traditionnelles et la difficulté pouvant être ressentie face à de nouvelles et dangereuses libertés impliquant la nécessité de faire des choix et de se comporter en individus autonomes sommés de s'autoaccomplir.

Autre preuve que l'origine de ce trouble n'est pas culturelle : il s'exporte. En France, en Espagne, au Canada, en Corée du Sud, au Sultanat d'Oman, en Italie, au Brésil, aux États-Unis, des cas de *hikikomori* ont été répertoriés. Gare à ne pas confondre la conduite des *hikikomori* avec celle d'autres jeunes auxquels on pourrait les assimiler à tort.

En France, on utilise l'appellation sympathique de « Tanguy » pour désigner des jeunes, mi-adolescents, mi-adultes, qui frôlent parfois la trentaine et qui se refusent à quitter le nid parental, soit par manque de moyens, soit parce qu'ils redoutent d'affronter la solitude ou les responsabilités liées à l'indépendance. C'est Étienne Chatiliez, réalisateur du film *Tanguy* (2001), qui a mis en lumière ces jeunes adultes qui prolongent durant de longues années leur état « d'adulescents », logés, blanchis et nourris selon l'adage bien connu. L'après mai-68 a vu l'émergence d'une génération de parents cool, parents copains, lecteurs assidus de Françoise Dolto, qui n'inspirent plus forcément le désir impérieux de les fuir. Pourquoi l'enfant-roi voudrait-il quitter un royaume où il est choyé, peu contrarié, célébré, assisté dans ses moindres faits et gestes ? Attention : gardons-nous bien de comparer ces Tanguy joyeux, désinvoltes et immatures aux *hikikomori* français, dont la réclusion, à l'instar de celle de leurs homologues japonais, n'est en rien riante. *Bamboccioni* en Italie, *Nesthocker* en Allemagne, *twixter* aux États-Unis, ces variantes du Tanguy français existent dans de nombreux pays, et ceux qu'elles désignent sont diversement appréciés, en fonction de la culture du pays dans lequel ils résident. Du gros bébé que l'on moque gentiment... au parasite que l'on méprise franchement.

Une certaine physionomie des familles

En France, la recherche liée aux *hikikomori* a vu le jour à la fin des années 2000, sous l'impulsion de la psychiatre Marie-Jeanne Guedj. Si les demandes d'aide des familles sont importantes, leur nombre est sans doute sous-évalué, en raison de la difficulté à communiquer autour d'un sujet encore vécu par de nombreuses familles comme « honteux ». Si l'on se réfère aux observations des spécialistes, les *hikikomori* français seraient pour la plupart issus de la classe moyenne et aisée. La raison en est simple : disposer d'une chambre individuelle est un privilège dont tous les adolescents et jeunes adultes ne peuvent pas forcément jouir. S'isoler nécessite une certaine logistique, facilitée par une relative aisance financière. Notons toutefois que des cas ont aussi été répertoriés dans des milieux populaires. Dans la plupart des situations étudiées en France, le schéma d'une famille monoparentale se détache. La mère y occupe la place prépondérante et peut se montrer surprotectrice, tandis que le père est soit absent (dans le cas d'un divorce), soit présent au sein du foyer, mais effacé. Dans le film *De l'autre côté de la porte* (2009), mettant en scène le jeune Hiroshi ayant subitement décidé de vivre reclus dans sa chambre, le profil de la famille correspond à cette description. Les deux parents vivent sous le même toit, mais seule la mère semble tenir les rênes de la famille. Travaillant à des heures tardives, le père n'assiste à aucun évènement de la vie du foyer. Il dîne après les siens, ne les croise pas et ne sera informé de la réclusion de son fils que tardivement. Seule la mère cherchera des solutions pour remédier au dramatique isolement de son enfant.

Supériorité numérique des garçons hikikomori

Dans l'écrasante majorité des cas (70 à 80 %, selon les psychiatres japonais), le *hikikomori* est un adolescent. Les observations des psychiatres français vont dans le même sens. Selon Tadaaki Furuhashi et Natacha Vellut, membres du collectif d'auteurs de *Hikikomori, ces adolescents en retrait*, deux facteurs pourraient expliquer ce déséquilibre :

- « L'implication maternelle dans la conduite de retrait avec la constitution – de fait – de couples mères/fils au domicile, et l'importance majorée de la réussite scolaire et sociale pour les garçons ;
- un effet de l'invisibilité des *hikikomori* au féminin, dû à des facteurs culturels (il est plus "normal" pour une femme de passer son temps chez elle, la maison étant la scène féminine par opposition au dehors, masculin). »

Il est intéressant de constater que dans les cas de phobie sociale que nous avons étudiés précédemment, la prévalence est à l'inverse largement féminine. Les liens parfois ténus entre phobie sociale et syndrome de *hikikomori* (l'angoisse de performance y tient la plupart du temps une place centrale) peuvent nous conforter dans l'idée que la population *hikikomori* féminine soit en effet sous-évaluée. Les filles, moins poussées vers l'extérieur, encouragées à entretenir des comportements timides, pudiques et réservés se couperaient du monde dans une relative indifférence, quand le retrait social des garçons se ferait avec fracas. D'un côté, l'acceptation d'une situation immémoriale, de l'autre, le refus d'un échappement contre nature. La supériorité numérique des garçons *hikikomori* peut aussi s'expliquer par un traitement différencié des enfants en fonction de leur sexe. La fille pourrait avoir plus de raisons de quitter le domicile familial, surtout dans le cadre d'une famille monoparentale, que le garçon. Si le couple mère/fils a de beaux jours devant lui, le couple mère/fille peut se révéler plus ambivalent. Pour Elena Belotti, la mère serait plus prompte et plus enjouée à l'idée de se mettre au service d'un garçon que d'une fille. C'est ce qu'elle écrit dans *Du côté des petites filles* : « Les mères disent peu à peu aux petites filles [...] "Dépêche-toi de te débrouiller toute seule." [...] Du côté des petits garçons, le discours implicite des mères est différent : "Tu peux faire ce que tu veux, c'est ton droit, mais comme je suis disposée à rester à ton service, ne te détache pas de moi." »

Dans ces conditions, on ne s'étonnera guère que l'une parte et que l'autre reste.

Les manifestations du syndrome de *hikikomori*

« Je ne vois aucune raison précise. » Voici la réponse formulée par une *hikikomori* dans le film *De l'autre côté de la porte*, lorsqu'on l'interroge sur la genèse de son parcours d'enfermement. La question de la cause est celle qui hante les familles, les psychiatres et parfois le *hikikomori* lui-même. Le *hikikomori* pourrait être comparé à un enfant qui lève le pouce lors d'un jeu dans la cour de récréation. Il réclame une pause, souhaite arrêter le cours du temps, pour une durée indéterminée.

S'agit-il d'une pause destinée à l'aider à réfléchir ? Rien n'est moins sûr, à en juger par la jeune *hikikomori* du film, qui confesse : « J'essayais de trouver un moyen de ne pas penser du tout. »

Un mal inclassable

Dans *Hikikomori, ces adolescents en retrait*, Tadaaki Furuhashi et Natacha Vellut dessinent les contours du syndrome de *hikikomori* : « Notre définition du retrait (*hikikomori*) est la suivante. Il s'agit d'un état dans lequel une personne âgée entre 14 et 25 ans :

A. Passe la majeure partie de son temps au domicile ;

B. Évite toute participation sociale habituellement significative (études, travail, relations) ;

C. Est dans cette situation depuis au moins 6 mois ;

D. N'a pas ou ne voit plus ses amis proches ;

E. Ne présente ni incapacité physique ni pathologie psychiatrique s'assimilant à une schizophrénie évidente. »

La durée de l'enfermement d'un *hikikomori* finit par pousser les familles à consulter. Elles sont alors confrontées à des diagnostics fluctuants, certains troubles ayant une porosité plus ou moins importante avec le syndrome de *hikikomori* : la phobie scolaire, la phobie sociale, la dépression, l'addiction aux jeux vidéo, etc. Notons en préambule que le syndrome de *hikikomori* peut être primaire lorsqu'il surgit sans aucun trouble associé (le syndrome se suffit alors à lui-même, l'explication psychiatrique ne peut être alléguée pour l'expliquer) ou secondaire lorsqu'il est consécutif à une pathologie mentale préexistante telle qu'une psychose ou une dépression. Problème : même lorsqu'il est primaire, le syndrome de *hikikomori* peut être un élément déclencheur de troubles mentaux. Le mécanisme est facile à comprendre : un jeune vivant replié sur lui-même sans aucune perspective peut, avec le temps, développer une dépression, des troubles anxieux, etc.

Pourquoi vouloir à tout prix « étiqueter » les *hikikomori* en les faisant relever de telle ou telle pathologie psychiatrique ? Tout simplement parce qu'en tant que tels, les *hikikomori* ne peuvent prétendre à aucune aide médicale ou économique ni compter sur la compréhension de quiconque. Un problème que Giulia Sagliocco résume en ces termes dans *Hikikomori, une expérience de confinement* : « De plus en plus, les familles se retrouvent coincées entre l'école, qui réclame un diagnostic pour justifier les nombreuses absences du jeune, et le médecin, qui ne peut poser un diagnostic pour une maladie qui n'en est pas une. »

Et l'on comprend très vite l'impasse dans laquelle se trouvent les familles, qui se voient sommées par l'entourage ou l'école de secouer ce jeune qui n'est rien moins qu'un paresseux, puisqu'aucune maladie ne lui a été diagnostiquée… C'est pourquoi même si l'étiquette de « malade psychiatrique » reste stigmatisante, elle en vient parfois à être souhaitable. Être rangé dans une case est douloureux, n'appartenir à aucune case peut vite devenir invivable. C'est toute la problématique des *hikikomori*, invisibles sociaux.

Le quotidien des hikikomori

Héros de l'écrivain russe Gontcharov, Oblomov est un homme jeune, mais apathique, restant couché la plupart du temps. Il est décrit en ces termes : « La position allongée n'était pas pour Oblomov un besoin, comme elle l'est pour un malade ou quelqu'un qui a sommeil. Ce n'était pas un hasard, comme pour un homme fatigué ; pas non plus une volupté, comme elle peut l'être pour un paresseux : c'était l'état normal. Quand il se trouvait à la maison – et il s'y trouvait presque toujours –, il restait couché, et toujours dans cette chambre […] qui lui servait de chambre à coucher, de cabinet de travail et de salle de réception. […] Il avait même perdu le souvenir du mouvement, de la vie, des gens et de toute agitation en général. À peine se trouvait-il dans la foule qu'il étouffait déjà ; quand il montait en barque, il n'était nullement certain d'atteindre la rive opposée ; quand il roulait en fiacre, il s'attendait à chaque instant à voir les chevaux s'emballer et la voiture se renverser. [...] Ainsi se termina son rôle dans la société. Il fit paresseusement un geste de renonciation, et dit adieu à tous les espoirs juvéniles qui l'avaient, selon lui, trompé. »

L'image habituellement véhiculée est celle d'un adolescent plus ou moins jeune (certains d'entre eux peuvent être devenus quadragénaires, voire quinquagénaires...), vivant reclus dans sa chambre, volets fermés et se faisant servir ses plats sur le pas de la porte, pour ne pas avoir à partager ses repas avec sa famille. Réputé *addict* aux jeux vidéo, il serait enfermé dans un monde virtuel.

La réalité est cependant plus nuancée. De nombreux *hikikomori* participent à la vie de famille, acceptent de faire des courses ponctuellement, de préférence bien sûr aux heures de faible affluence, et entretiennent des liens avec l'extérieur grâce aux outils en ligne.

Les spécialistes observent une inversion du rythme nycthéméral, c'est-à-dire que les *hikikomori* aménagent leurs horaires de manière à vivre en décalé. Une activité diurne inexistante, une activité nocturne plus soutenue. Le temps est occupé par les jeux vidéo, le visionnage de films, de séries, parfois la lecture. C'est tous les jours dimanche. Les *hikikomori* peinent généralement à décrire dans le détail ce qui a meublé leur journée, un peu comme s'ils perdaient la notion du temps.

Des besoins, pas de désirs

Comme le relève Marie-Jeanne Guedj : « L'adolescent occupe l'espace indifférencié d'une chambre incurique et inhospitalière, avec un corps mécanisé, réduit aux besoins, avec éviction des désirs et abolition de l'espace et du temps. »

Elle note également que le vocabulaire de ces jeunes est plutôt pauvre en métaphores et que l'emploi du conditionnel destiné à évoquer des objectifs « j'aimerais faire ceci ou cela » a disparu. L'essentiel des conversations porte donc sur des considérations matérielles relevant du besoin (nourriture, hygiène). On pourrait penser que les *hikikomori* mettent un soin particulier à décorer leur chambre, dans la mesure où celle-ci est devenue leur unique horizon. Il n'en est rien, l'absence de décoration ou la décoration minimaliste des chambres où se disputent quelques résidus d'enfance (figurines, cartes collector, peluches…) semble être une constante. À l'heure où les autres adolescents connaissent leurs premières expériences amoureuses ou sexuelles, les *hikikomori* paraissent vouloir se détacher de leurs pulsions et vivre pour ainsi dire sans corps. Corinne Maier, auteure de *Dehors les enfants !,* les décrit comme « des anorexiques du désir […] des déserteurs de vie ».

Bien qu'adolescents, ils sont plutôt comparables à des enfants nostalgiques d'un paradis perdu et devenus nihilistes. On les dit mous et passifs. Cette indifférence d'apparence paisible ne doit pas faire oublier qu'en eux, la colère gronde. Serge Tisseron relève : « Après avoir essayé de réaliser les attentes de ses parents et de ses pairs envers lui, tout se passe comme si l'adolescent qui s'engage sur cette voie décidait de laisser les autres se débrouiller sans lui. Et non seulement il renonce à porter les espoirs des autres, mais c'est lui maintenant qui se laisse porter. Dans le système scolaire intensif "normal", plus les parents poussent et plus l'enfant doit accélérer. Pour le *hikikomori*, plus les parents poussent et plus il se comporte comme un poids inerte. C'est bien sûr un suicide scolaire, mais c'est aussi une agression contre les autres. »

Le *hikikomori* est un démissionnaire. Parce qu'on a trop attendu de lui, parce que lui-même a peut-être eu jadis des rêves trop grands, il se retire de la partie. Le monde l'a déçu, il ne veut plus en être. Cela pourrait passer pour une bouderie, c'est plutôt un repli existentiel motivé par la peur du regard des autres ou la certitude de ne pas parvenir au but initialement fixé. Tadaaki Furuhashi et Natacha Vellut l'expriment en ces termes : « Le jeune Français en retrait est l'enfant d'une longue tradition clinique où l'échec de l'action se résout dans l'absence de l'action. »

Impliquant une école buissonnière prolongée, le retrait est régulièrement associé à une phobie scolaire. Les adolescents concernés sont souvent de bons élèves, préoccupés par un fort désir de bien faire et naguère jugés prometteurs. Seulement, un jour, la machine s'est grippée et l'adolescent n'a plus voulu se confronter aux jugements, aux espoirs placés en lui, au risque qu'impliquerait une nouvelle déception. Il a pu faire l'objet de harcèlement scolaire, d'humiliations de la part d'un professeur, ou être déçu dans ses relations amicales ou amoureuses. La consommation de cannabis peut faciliter l'entrée dans un processus d'isolement. Reclus entre ses quatre murs, l'adolescent ne craint plus les fluctuations de son humeur : ni espoir ni déception, ni joie ni peine, la neutralité des émotions 24 heures sur 24. Un comportement addictif, parce que sécurisant. Quand cessera cette mise sur pause ? L'absence de contraintes peut sembler grisante, mais ne va pas sans une impression de suffocation et d'abandon. Dans *Le Loup des steppes*, un ouvrage écrit par Hermann Hesse, le héros, Harry Haller, mi-homme, mi-loup, est décrit en ces termes : « Ainsi, le Loup des steppes fut-il détruit par sa liberté. Il atteignit son objectif, s'affranchit progressivement de toute contrainte. Personne ne pouvait plus lui donner d'ordres ; il n'avait pas à se conformer à la volonté de quelqu'un, il décidait de sa conduite de façon libre et indépendante. [...] Cependant, lorsqu'il se fut installé dans cette nouvelle liberté, Harry s'aperçut tout à coup que celle-ci représentait une mort. Le monde le laissait étrangement tranquille, et de son côté, il ne se souciait plus des gens ni même de sa propre personne, s'asphyxiant lentement dans cette existence solitaire, sans attaches, où l'air se raréfiait. Désormais, la solitude et l'indépendance ne constituaient plus pour lui un souhait et un but, elles étaient son lot, sa punition. »

Libre, mais enfermé physiquement et psychologiquement, le *hikikomori* est un « pas prisonnier mais », comme l'écrivait Edmond Rostand au sujet de l'Aiglon. Pas prisonnier, mais pas apte à aller à la rencontre de l'autre ; pas prisonnier, mais pas autonome financièrement, donc condamné à se contenter de ce que l'on veut bien lui donner. En état de siège, il n'est séparé de ses ennemis que par un pan de mur. Sont-ils vraiment ses ennemis, ces parents qui arpentent le salon en quête d'une solution ? Non, pour peu qu'ils ne lui demandent rien et ne le pressent pas de questions sur son avenir. Ce qui est rarement le cas.

Le drame de Peter Pan

Premier psychiatre à avoir étudié la question *hikikomori* au Japon et qui évaluait à 1 million le nombre d'adolescents pouvant être atteints par ce mystérieux syndrome, Saito Tamaki est l'auteur d'un ouvrage intitulé *Hikikomori, une adolescence sans fin.* Un titre qui désigne la boucle temporelle au sein de laquelle évoluent les jeunes en proie à ce syndrome. Bloqués à l'orée de l'âge adulte, les *hikikomori* resteraient coincés entre deux mondes. Une chenille quasiment arrivée à maturité, mais refusant l'ultime transformation et préférant demeurer à l'état de chenille.

L'allongement de la durée de la jeunesse est un fait. Elle s'explique par des études supérieures plus longues, par une entrée plus difficile dans le monde du travail et aussi par un plus grand interventionnisme des parents qui, au lieu de pousser les enfants « à se débrouiller seuls », ont tendance à les épauler de manière constante. Conséquence de cet investissement : le sentiment de dette des enfants à l'égard des parents ne cesse de s'accroître, jusqu'à devenir sclérosant.

La plupart des œuvres littéraires ou cinématographiques suivent un chemin assez linéaire pour nous décrire l'évolution d'un personnage. Adolescent, il connaît ses premières expériences amoureuses ; bachelier, il entame des études supérieures, fait une rencontre déterminante, puis se marie, s'installe dans son premier logement avant de fonder une famille. Tout se passe comme s'il était absolument impossible de déroger à ces étapes, ces « seuils », ainsi que les nomme le collectif d'auteurs de *Hikikomori, une expérience de confinement :* « Le franchissement des seuils, que sont l'obtention d'un emploi, d'un logement autonome et la fondation d'une famille, reste toutefois déterminant pour le futur positionnement social des individus. » Le fait d'avoir franchi un seuil ne garantit pas la permanence de ce franchissement. La perte d'un emploi peut faire perdre une autonomie financière et s'accompagner d'un retour à la maison : c'est l'effet boomerang.

Pour le collectif d'auteurs : « Les jeunes qui se retirent chez eux se trouvent dans une forme d'"apesanteur" sociale. [...] Alors que l'entrée dans l'âge adulte est le résultat de préférences positives, [...] le jeune qui se retire affirme une préférence négative à ne pas se soumettre à faire des choix vécus comme des épreuves insurmontables. » Ne pas choisir. Ne plus se conformer aux attentes sociales. Rester dans le SAS de l'indétermination aussi longtemps que possible, car faire un pas de plus reviendrait à réintégrer la valse des évaluations et des peines, de la compétition et des déceptions. À la défaite pressentie, préférer l'abdication.

Héros des *Illusions perdues*, Lucien de Rubempré, provincial déçu par son insuccès à Paris, écrit une lettre à sa sœur : « Oui, j'ai des ambitions démesurées, qui m'empêchent d'accepter une vie humble. [...] Ô, ma chère Ève, je me juge plus sévèrement que qui que ce soit, car je me condamne absolument et sans pitié pour moi-même. [...] L'avenir m'effraye tant que je ne veux pas de l'avenir et le présent m'est insupportable. [...] J'aime une vie facile, sans ennuis ; et, pour me débarrasser d'une contrariété, je suis d'une lâcheté qui peut me mener très loin. [...] Au seuil de la vieillesse, je serai plus vieux que mon âge, sans fortune et sans considération. Tout mon être actuel repousse une pareille vieillesse : je ne veux pas être un haillon social. »

Est-ce une crainte prospective de même nature qui pousse les *hikikomori* à déserter le champ social ? L'intime conviction de ne pas parvenir là où ils le souhaitaient et choisir en conséquence l'autosabotage ? S'accrocher à l'enfance, à l'instar de Peter Pan, c'est aussi rester dans un monde où tout demeure possible et où la violence n'a pas sa place. C'est refuser d'ajuster ses rêves au réel et annuler l'existence d'un monde extérieur imparfait et traitre. C'est refuser de faire sienne la sagesse d'Épictète : « N'attends pas que les évènements arrivent comme tu le souhaites. Décide de vouloir ce qui arrive… et tu seras heureux. »

Les conséquences du syndrome de *hikikomori*

Une claustration dans un espace réduit n'est pas sans conséquences, tant pour le jeune que pour son entourage. Elle abîme physiquement et moralement.

Des silhouettes fantomatiques

Les spécialistes de la santé remarquent régulièrement la pâleur des *hikikomori*. Habitués à vivre dans la pénombre, loin des UV du soleil, ils portent sur le visage les stigmates de leur réclusion. Les maux de ventre peuvent accompagner un état de stress, d'anxiété. Les yeux peuvent pâtir d'une surexposition aux écrans. La position assise ou couchée (rarement debout) peut avoir un impact sur le squelette. Plus la durée d'enfermement est longue, plus l'effort physique, aussi minime soit-il, devient difficile. L'absence de dépense énergétique peut se traduire par une prise de poids, c'est pourquoi, dans le film *De l'autre côté de la porte*, l'homme chargé de venir en aide au *hikikomori* prévient sa mère : « Il aura peut-être beaucoup grossi puisqu'il ne fait rien d'autre que rester dans sa chambre et manger. » À long terme, ce mode de vie peut avoir des répercussions plus graves sur la santé du *hikikomori* (diabète, maladies cardiovasculaires, dépression…). D'où l'intérêt de ne pas laisser la situation s'enliser et d'intervenir dans la mesure du possible dès les premières manifestations de l'enfermement.

À ces maux divers se greffent l'ennui et le découragement, qui poussent de nombreux *hikikomori* à se réfugier dans le sommeil. Pris au piège de leur conduite, ils redoutent surtout un impossible retour en arrière tant ils ont conscience de s'être marginalisés et d'avoir accumulé un retard social et scolaire peut-être irrattrapable. La crainte qu'il ne soit déjà trop tard pour réagir les pousse à attendre encore davantage. Isolés de leurs pairs, ils savent qu'ils passent à côté non seulement de leur avenir, mais aussi de leur jeunesse, qu'ils se contentent de prolonger symboliquement, sans la vivre vraiment. C'est ce qui explique peut-être le sens des mots prononcés par la *hikikomori* dans le film *De l'autre côté de la porte*, dont l'objectif était de *ne pas penser du tout*. S'occuper l'esprit avec des jeux vidéo, des bandes dessinées ou des navigations ininterrompues sur internet n'est-il pas le meilleur moyen de se soustraire à ce douloureux sentiment d'être à part, inadapté, en un mot spectateur ?

Dans un numéro du magazine *Envoyé spécial*, intitulé *Japon, une génération perdue*, la mère d'un *hikikomori* japonais de 17 ans témoigne. Enfermé depuis deux ans et demi dans une cuisine réaménagée en chambre, celui-ci refuse de voir son père ainsi que ses frère et sœur. Sa mère explique : « Je ne le vois pas vraiment, mais je lui ai donné son repas à 9 h. Il ne me laisse pas pénétrer dans sa cuisine, je peux seulement l'approcher près de l'entrée, lui se trouve de l'autre côté de la pièce et une table nous sépare. Ensuite je dis "OK, voilà", et je lui tends sa nourriture. » Quand le journaliste lui demande si le jeune se lave ou s'il se coupe les cheveux, elle répond : « Il se coupe les cheveux lui-même, lorsqu'il prend un bain. [...] Il prend un bain une fois tous les six mois. Il en a pris un il y a deux semaines, alors il ne sent pas aussi mauvais que d'habitude. »

L'entretien a lieu dans le plus grand secret, dans l'arrière-boutique de cette commerçante désemparée. Victime de harcèlement à l'école, son fils s'est replié dans cette cuisine pour fuir la méchanceté de son persécuteur.

La détérioration de l'hygiène personnelle est une donnée qui revient régulièrement (mais pas systématiquement). Parce qu'il ne s'aime plus, parce qu'il n'habite plus vraiment son corps, le *hikikomori* peut s'en désintéresser jusqu'à l'oubli. Se laver pour qui ? Pour quoi ? Ce simple geste du quotidien ne s'intègre pas nécessairement à la routine qui est la sienne. Le syndrome de *hikikomori* a pu être rattaché à certaines pathologies, comme le syndrome de Diogène. De nombreux *hikikomori* évoluent au cœur d'une chambre jonchée de détritus (bouteilles d'eau, cannettes de soda, emballages alimentaires, cartons, journaux) dont ils ne se débarrassent pas, soit pour des raisons pratiques (les jeter les obligerait à sortir), soit parce qu'ils souffrent d'un problème d'accumulation compulsive, la syllogomanie, plus connu sous le nom de syndrome de Diogène. Un syndrome initialement plutôt retrouvé chez des personnes âgées, désorientées, ayant vécu un choc émotionnel.

La saleté du *hikikomori* ajoute encore à la honte des familles, car l'adolescent ne se contente pas d'être inactif, il se néglige, et ce phénomène fait se dresser droit devant elles le spectre de la clochardisation.

Le désarroi des familles

« Que devient votre enfant ? » Cette question anodine suscite immanquablement la détresse des parents de *hikikomori*. Comment y répondre ? Les subterfuges, comme « Il cherche sa voie », « Il touche à tout », « C'est un rêveur », « Il prend son temps », occultent difficilement la réalité de la situation. Mais comment répondre « Rien » à cette question ?

Ce secret pesant doit rester *intra-muros*. Face aux autres, il importe de faire illusion et de transformer un renoncement en quête existentielle. Il y a dans la quête la belle idée du but poursuivi, du mouvement, de l'idéal à atteindre. Ce mensonge vise à escamoter l'immobilisme du *hikikomori*, qui ne court plus ni après la gloire, ni après la réussite, ni après l'amour, ni après un quelconque absolu. Il s'est arrêté. Son retrait social, s'il a un début, semble ne pas avoir de fin, et le vertige parental s'en trouve renforcé. C'est un peu comme au jeu de l'oie, lorsqu'un joueur, tombé dans le puits, doit passer son tour jusqu'à ce qu'un autre joueur vienne prendre sa place. Sa partie est suspendue, de joueur il devient spectateur, sa réintégration au jeu n'est qu'hypothétique.

Dans *Dehors les enfants !*, la psychanalyste Corinne Maier décrit son quotidien de mère désemparée face à un fils accro aux jeux vidéo et à la vie de reclus : « Comment se fait-il que le DSM, manuel qui répertorie les troubles mentaux, n'en parle pas ? [de la démotivation des jeunes] Puisqu'il faut lui donner un nom, ce virus, je l'appelle ici le syndrome TNH (Tanguy-NEET[1]-*hikikomori*). Je vous présente maintenant mon fils, Ulysse, surnommé Lulu. Il a vingt-cinq ans et, depuis des années, il reste

1. Voir les points suivants.

incrusté dans sa chambre comme un meuble très lourd. Rien n'indique qu'il a l'intention d'en partir. [...] Il est la personnification de ce qu'on appelle en physique un trou noir, quelque chose qui n'existe que dans une dimension négative et qui absorbe l'énergie des autres. »

Révélant souffrir du syndrome du « nid plein », elle poursuit : « Comme d'habitude, je frappe à sa porte pour voir "où il en est". J'espère un miracle, mais je connais la réponse : nulle part. »

Constatant la capacité de son fils à incarner différents héros dans les jeux vidéo, elle ajoute : « Le problème, c'est que Lulu refuse d'être le héros de sa vie. [...] Le monde lui est livré à domicile, sa chambre contient le monde extérieur. [...] Mon fils ne veut pas grandir. Et moi, je ne veux plus être une mère. »

Se livrant à une critique sans complaisance de son fils, Corinne Maier ne s'épargne pas non plus et manifeste son regret d'avoir appliqué à la lettre les préceptes de la parentalité positive. Au point d'en arriver à une remise en question personnelle édifiante : « Si nous avions fait fausse route avec notre bienveillance, notre écoute, notre ouverture, notre tolérance, notre humanisme, bref, tout l'attirail contemporain du bon parent, celui qui ne dit jamais "non", car "non", c'est dur, c'est coupant et ça fait mal ? Et si seuls la discipline et les ordres aboyés étaient efficaces ? »

Et si le rôle des parents était non pas de créer un cocon protecteur autour de l'enfant, mais à l'inverse, de tenir le rôle d'épouvantail pour empêcher la nidification ? C'est ce que la psychanalyste semble nous dire. Par ailleurs, l'hyperimplication des parents dans la vie des enfants est-elle si souhaitable ? Lorsque l'existence entière de l'enfant se déroule sous les yeux des parents, présents dans la salle des professeurs, au cours de gymnastique, au solfège, sur Pronote, sur Parcoursup, sur LinkedIn pour lui dégoter un stage, etc., comment celui-ci peut-il apprendre l'autonomie ? Comment ne pas vivre dans l'angoisse de décevoir lorsqu'on est un pôle d'attraction sanctuarisé ? Un enfant dûment testé pour apprécier son potentiel, gavé de stimulations, nimbé de prestige dès ses premiers pas peut-il décemment faire autre chose que déchoir ? La chute est toujours à la hauteur du piédestal sur lequel on est placé. Moins il est haut, moins la blessure sera sérieuse. Mais comment être un parent relativement indifférent quand la société promeut un modèle de parent, et disons-le franchement, plutôt de mère, surinvesti ?

Face à un enfant mutique, démotivé et cloîtré, les parents se remettent inévitablement en question. Le dialogue qu'ils essaient tant bien que mal d'entretenir avec leur enfant est si pauvre qu'il laisse pantois. Il est partout semblable à celui qui s'instaure entre la mère du *hikikomori* filmée dans le documentaire d'*Envoyé spécial* et son fils :

— Qu'est-ce que tu veux pour le déjeuner ? Y a pas de riz, je peux te faire des nouilles chinoises.

— Je sais pas. Tu m'ennuies.

— Non, je ne veux pas t'ennuyer, je peux te faire des toasts.

— J'en veux pas.

— T'en veux pas ? Tu veux dire que t'en veux pas maintenant ?

— Je sais pas.

Entre eux, le malaise est palpable. C'est au pas de course que cette mère revient vers la caméra, intimidée par l'échange, certaine sans doute d'avoir encore mal choisi son approche. Caché par des ordures, le *hikikomori* est invisible à la fois pour elle et pour les caméras. Corinne Maier évoque quant à elle des discussions destinées à *ne pas perdre le contact* et qui se soldent invariablement par des réponses où pointe l'agressivité : « Là, je suis en mode détente, laisse-moi vivre », « c'est juste relou », « ça fout le seum ».

Certes, beaucoup de parents d'adolescents pourraient se reconnaître dans ce type d'échanges, à cette différence près que les parents apprennent habituellement à jongler avec un lot d'insatisfactions et de satisfactions. L'attitude provocatrice et nonchalante d'un adolescent pourra être compensée par la joie de le voir réussir un examen, gagner un match de tennis, s'investir dans une vie associative, etc. Les parents de *hikikomori*, eux, n'ont rien pour se consoler, rien d'autre que cet échange centré autour des besoins primaires (hygiène, nourriture).

Gémellité des destins : le plongeon collectif

Dans Hikikomori, une expérience de confinement, Marie-Jeanne Guedj et Xavier Benarous écrivent : « Confrontés au quotidien, jour après jour, à un jeune isolé, apathique, silencieux, les parents ressentent impatience, désespoir, fatigue, épuisement, autodépréciation. [...] L'ensemble du groupe familial vit l'imminence d'une catastrophe, dans un vécu de catastrophe. [...] Dès lors, "le double *hikikomori*" (enfermement et retrait social de la famille en correspondance avec ceux du jeune) apparaît comme une réalisation antisociale commune. »

Lorsque la famille elle-même se replie afin de ne plus affronter le jugement social, on parle de double *hikikomori*. Le jeune vit séparé des autres membres de la famille par la cloison de sa chambre, la famille vit séparée du reste de la société en rendant sa maison inaccessible. Le piège se referme sur l'ensemble du groupe familial. Faute d'apport extérieur, la situation s'embourbe, les comportements se perpétuent. Nul ne peut plus s'étonner du mode de vie de ce jeune enfermé dans sa chambre depuis des mois ou des années, puisque nul n'a plus la possibilité de pénétrer dans la maison. Le soulagement immédiat qu'apporte cette « solution » (ne plus avoir à endurer le qu'en-dira-t-on) se paie d'une souffrance à plus longue échéance (voir la possibilité d'une issue s'éloigner).

L'antichambre d'un mouroir

La durée de la réclusion du jeune peut amener les parents à envisager le problème à très long terme. Que se passera-t-il lorsqu'eux-mêmes seront trop âgés pour s'occuper de leur enfant ? Auront-ils les moyens de l'assumer financièrement ? Auront-ils la capacité d'entretenir la maison/l'appartement ? Seront-ils en mesure d'accomplir toutes les tâches pénibles du quotidien (faire les courses, préparer les repas, s'occuper du linge, etc.) ? D'ordinaire, le problème se pose en sens inverse, et l'enfant devenu adulte peut avoir la charge de parents diminués par l'âge. Ici, le parent se voit condamné à assumer son enfant pour une durée indéterminée. C'est ce que les Japonais appellent les 50-80. Emmuré vif depuis plus de 30 ans, l'enfant est à présent un quinquagénaire sans diplôme ni expérience professionnelle. Âgés de 80 ans, ses parents n'ont plus les moyens physiques, intellectuels ou financiers de lui maintenir la tête hors de l'eau. Qu'adviendra-t-il après leur mort ? Qui prendra en charge un adulte quinquagénaire *a priori* sain d'esprit qui, n'ayant jamais travaillé, ne touchera évidemment pas de retraite ? Sauf à disposer d'importantes ressources, les parents sont fondés à nourrir des craintes pour l'avenir. Et contraints d'envisager dès maintenant l'après en se tournant vers des proches ou des structures, déjà surchargées de malades reconnus comme tels, qui sans surprise fermeront leurs portes à ces *malades qui n'en sont pas*. Quel avenir pour le *hikikomori* vieillissant, sinon la déchéance ?

L'actualité nous rappelle régulièrement que le retrait social peut faire glisser un individu jusqu'à l'oubli pur et simple. Alertés par une odeur de putréfaction dans leur immeuble ou par une boîte aux lettres saturée de courrier, ce sont la plupart du temps des voisins qui contactent la police pour forcer la porte d'un appartement. Au milieu des détritus et des insectes grouillants, c'est un cadavre momifié que l'on retrouve. Qui était cette personne dont nul n'avait remarqué l'absence depuis des mois, parfois des années ? Pour décrire l'horreur, une expression emporte le consensus : un *drame de la solitude*. Un *drame de la solitude* survenu à Poissy en 2009, à Bordeaux en 2012, à Pontarlier en 2015, à Pau en 2021, à Saint-Brieuc en 2022…

Pas une révolte, une révolution

Dans un recueil de nouvelles de science-fiction, paru en 1952 et intitulé *Demain les chiens*, Clifford D. Simak décrit un futur où seuls ont subsisté les chiens. À présent dotés de la parole, les chiens réunis au coin du feu se racontent l'histoire de l'homme des derniers temps. On apprend que « l'espèce humaine avait rejeté l'instinct grégaire imposé par les conditions économiques et sociales du passé : la sécurité et l'abondance nouvelles lui avaient permis de s'en libérer. Cette tendance datait de plus de deux cents ans, depuis qu'on gagnait sa maison de campagne pour y trouver l'air frais, l'espace et la miséricorde qu'au fond, la communauté interdisait. »

Plus d'instinct grégaire ni d'interactions, mais des milliers d'individualités vivant leur retrait social dans des maisons confortables.

Dans l'une des nouvelles, intitulée *La Tanière*, on voit évoluer Jerome J. Webster, éminent médecin connu pour ses brillants travaux sur la physiologie du Martien. Habitué à rester dans sa douillette demeure (le simple maniement d'un « cadran » lui donne accès à tous les loisirs [concerts, théâtres, etc.]), il n'éprouve plus le besoin d'en sortir. Lorsque les circonstances l'y contraignent, il se découvre agoraphobe, un mal répandu dont souffrait déjà son père et dont nul ne semble s'inquiéter : « Personne, à ce qu'il en savait, ne s'était avisé de cette tendance des gens à ne plus guère quitter leur domicile. »

Sollicité pour aller soigner sur la planète rouge l'un de ses amis martiens en danger de mort, il est pris de panique. Ses mains capables de sauver des vies sont

« menottées par une phobie résultant d'une vie bien tranquille ». Rattrapé par son bon cœur, il finit par se convaincre d'agir, mais c'est sans compter le zèle de son robot Jenkins qui, connaissant ses habitudes casanières, a déjà fait savoir au comité mondial que son maître ne se déplacerait pas pour soigner le mourant. Le docteur Webster comprend alors que cette capitulation obligée s'apparente à un baisser de rideau définitif ; plus jamais il ne quittera sa maison, dont le confort exagéré lui apparaît désormais pour ce qu'il est : un linceul.

« Tendant les mains pour se raccrocher au bord de sa table, il se laissa choir dans son fauteuil et sentit les murs se refermer sur lui en un piège qui ne le lâcherait plus ».

Nous l'avons vu, le syndrome de *hikikomori* n'est pas une maladie, mais il peut causer des pathologies telles que la dépression, l'insomnie ou les états anxieux. Dans le cas présent, on comprend bien que c'est un amour immodéré pour sa maison qui a poussé Webster à la sédentarité, elle-même responsable de son agoraphobie. Moins l'on sort de chez soi, plus il devient difficile de le faire et même de le concevoir.

Cependant, même si leur comportement ne manque pas de dérouter, les *hikikomori* sont aussi dans leur bon droit. On veut les aider, mais sont-ils seulement en danger, ces *hikikomori*, isolés dans leur chambre face à des écrans ? C'est là que le bât blesse. Pourquoi aider des individus qui ne sont pas malades, n'appellent pas au secours et ne représentent *a priori* un danger immédiat ni pour les autres ni pour eux-mêmes ? À quel moment un comportement cesse-t-il d'être considéré comme « normal », « acceptable socialement » ? La question est d'autant plus légitime que le nombre de NEETS et autres *freeters*[1] tend à se multiplier.

En outre, la révolution numérique n'implique-t-elle pas une forme de retrait social généralisé ? Pour finir, nous verrons (chapitre 3) que si l'expérience du confinement a donné à de nombreuses personnes l'envie de retrouver les plaisirs de la vie en société, d'autres ont accueilli cet enfermement comme une libération, allant jusqu'à souffrir d'un syndrome de la cabane post-confinement. De quoi se demander si le contre-modèle du *hikikomori* ne tend pas à s'imposer de plus en plus largement...

La liberté de disparaître

Depuis plusieurs années, la famille Véron se manifeste régulièrement sur les plateaux de télévision afin d'alerter l'opinion sur le sort de Tiphaine Véron, une jeune Française disparue au Japon en 2018 dans des circonstances inquiétantes. Face à l'inertie de la police japonaise, la famille s'indigne et tente désespérément de reconstituer l'emploi du temps de Tiphaine. Pourquoi une telle indolence de la police japonaise ?

1. Voir *infra*.

Au Japon, de nombreuses personnes (elles seraient environ 100 000[1]) disparaissent chaque année volontairement sans laisser de traces pour échapper à une situation personnelle devenue insupportable (dettes, problèmes liés au travail, à la famille, etc.). Ces « évaporés » voient leurs démarches facilitées par l'existence d'entreprises légales qui les assistent d'un point de vue administratif. En outre, la police japonaise, au nom du respect de la vie privée, se garde d'intervenir pour retrouver les disparus. Même si la famille de Tiphaine demeure convaincue que la disparition de celle-ci ne peut être le fruit d'une quelconque volonté, elle se heurte à un mur qui lui oppose l'existence d'un droit de tout être humain à disparaître s'il le souhaite. En France et pour les mêmes raisons, la police se montre parfois réticente à lancer des recherches pour retrouver un adulte durablement absent. Ces atermoiements peuvent être lourds de conséquences, et il n'est pas rare qu'une famille s'en remette à un détective privé. Certains exemples justifient pourtant les réticences policières et prouvent qu'un adulte sain d'esprit peut bel et bien vouloir se volatiliser. En 2021, la disparition de Diary Sow, étudiante à Louis-le-Grand et double lauréate du prix de la « meilleure élève du concours général sénégalais », suscite une vive émotion tant en France qu'en Afrique. Partout, des avis de recherche sont lancés pour retrouver cette brillante élève. Quelques mois plus tard, elle réapparaît, après avoir écrit un ouvrage intitulé *Je pars*. Interviewée à ce sujet par l'AFP, elle

1. Chiffres avancés par Léna Mauger dans l'ouvrage *Les Évaporés du Japon*, éd. Les Arènes.

explique : « Le livre, au complet, est une façon de dire “Je vous emmerde”. [...] Je me suis sentie comme emprisonnée par l’opinion des autres. [...] Pourquoi autant d’incompréhension et d’hostilité parce que j’ai pris ma liberté ? »

La problématique des *johatsu* (nom japonais des « évaporés ») nous ramène à celle des *hikikomori* : un comportement individuel jugé atypique, voire indigne, peut-il légitimer une atteinte à la vie privée ?

Selon le courant de pensée libertarien prônant une intervention de l’État réduite à sa plus simple expression et le respect de la propriété privée, la liberté individuelle ne doit se heurter qu’à des limitations minimes. L’individu l’emporte sur le collectif.

Comme le remarque Pierre-Henri Castel, membre du collectif d’auteurs de *Hikikomori, ces adolescents en retrait*, « l’individualisme autarcique est un courant profondément subversif de toute la tradition individualiste, au sens où il cherche non pas tant à concilier individu et société qu’à protéger concrètement le premier de la seconde. [...] Autonomie individuelle et vie sociale sont censées idéalement converger. Dans l’individualisme autarcique, dont il est banal de dénoncer le caractère utopique ou marginal, c’est précisément cette convergence qui est niée. » Dans cette perspective, l’individu souverain ne saurait se voir contrarié dans ses aspirations profondes, fussent-elles contraires au sens commun.

Pierre-Henri Castel poursuit : « On sous-estime la légitimité à la fois morale et politique d'un geste de retrait actif à l'égard de la vie sociale. Dans les sociétés individualistes, ce retrait se réclame de la liberté et de la *privacy*. Mais dans des sociétés non individualistes, on pourrait facilement imaginer qu'il se justifie en référence à la pudeur ou à la préservation de la partie de soi-même qui n'est pas soumise entièrement aux contraintes du groupe d'appartenance. [...] C'est sans doute ici que les *hikikomori* japonais soulèvent une question redoutable [...], car il est manifeste que, dans une certaine mesure, ils ne se vivent pas comme des "anormaux", mais (peut-être) comme des individus faisant valoir un certain type de solution, qui a sa normalité (le retrait), face à une situation où les exigences sociales et psychologiques qui pèsent sur eux, elles, sont jugées "anormales". Mais d'un autre côté, ils savent aussi que cette réponse est "anormale", que leur entourage proche et la société les considèrent comme des marginaux plus ou moins inquiétants. »

Inquiétants ou libres ? Ces adolescents retirés pourraient-ils être malgré leur apparente apathie des francs-tireurs, revendiquant dans le silence le droit de tout un chacun à s'abstenir ? Échapper au maillage, au fichage, au comptage relèverait à ce compte-là presque d'un défi adressé à la société, d'une cavale immobile dont le message sous-tendu pourrait être *catch me if you can*...

Des absents en grand nombre

Vouloir disparaître des radars et en disparaître malgré soi sont deux choses à bien distinguer. Dans les pays industrialisés, une partie de la jeunesse en situation précaire se trouve rejetée dans le camp des NEETS (Not in Education, Employment or Training), c'est-à-dire ni étudiants, ni en poste, ni en stage. Éléments constitutifs du *grand nulle part* administratif, les NEETS involontaires s'apparentent à des retirants malgré eux. Recrachés par les structures intégratives, ils sont la poussière sous le tapis. Mais on peut compter sur leur discrétion : communauté disparate honteuse et sans moyens de pression, les NEETS ne risquent pas de se manifester. Et quand bien même ils le feraient, leur impuissance sociale les exposerait aux sarcasmes. Une grève des inutiles ? La belle affaire... C'est pourquoi il est difficile d'imaginer cette foule de sans voix. Cela ne signifie pas qu'il faille en minimiser l'importance.

Non loin des NEETS se tiennent les *freeters*, terme apparu au Japon dans les années 1980, contraction de l'anglais *free time* (temps libre) et de l'allemand *frei arbeiter* (travailleur libre). Ce terme désigne des individus ne travaillant pas à temps complet et pouvant au choix être free-lance, travailleurs à temps partiel ou en contrat d'intermittence, etc. Une situation instable pouvant être elle aussi choisie (pour jouir d'une certaine liberté) ou subie (ces emplois seraient alors un genre de « faute de mieux »). Ces deux nouvelles catégories nous renseignent sur un point : les invisibles, ces « hors cases » sont sans doute bien plus nombreux que nous ne pouvons l'imaginer.

Populaire sinon rien

Chaque jour, sur les réseaux sociaux, des gloires se font et se défont. Youtubeurs, influenceurs, instagrameurs, vidéastes tiennent aujourd'hui le haut du pavé. Partis de rien, dotés d'un simple ordinateur équipé d'une caméra, des candidats à la notoriété, sans fortune ni réseau, décrochent la lune. Le maître-mot ? La visibilité. Un mot qui n'est pas sans faire écho à l'invisibilité, terme fréquemment utilisé pour évoquer la situation des *hikikomori*.

Nul n'est épargné par la pression du *like*, qui commence dès l'école primaire (venant asseoir la popularité de l'élève), pour se poursuivre à l'adolescence (pour consolider sa réputation) et dans le monde professionnel (où la solidité du réseau d'un candidat fera toujours forte impression sur un recruteur et réciproquement). Tout plutôt que l'invisibilité. La visibilité revêt d'ailleurs une telle importance que certaines sociétés peu scrupuleuses proposent désormais de payer leurs prestataires en « visibilité », c'est-à-dire en se contentant de mentionner leurs noms sur les réseaux sociaux… Si la visibilité, c'est de l'argent, l'invisibilité, c'est la dèche, raison pour laquelle le *hikikomori* ne peut être perçu que comme un individu ayant échoué, autrement dit, un raté.

Danses sulfureuses, défis dangereux, vidéos humoristiques, conseils de beauté, à chacun sa méthode pour drainer des *likes*. La reconnaissance individuelle passe par le nombre d'abonnés que l'on arrive à fidéliser et qui viendront apporter commentaires et emojis pour marquer leur adhésion ou leur désapprobation au contenu proposé. Taux d'engagement, *followers*, hashtags, buzz, retweet, les utilisateurs des réseaux sociaux connaissent mieux que personne les composantes d'un succès, même s'ils parviennent rarement à sortir du lot. Dans certains cas, la quête effrénée du *like* peut virer à l'obsession et conduire elle aussi à une forme de retrait social. Le temps passé à chasser des abonnés ou à tenter de les conserver n'est pas vécu en plein ou sans une angoisse sourde (mon post ou ma vidéo vont-ils plaire ? Combien de « vues » ? Quelles données statistiques ? Comment faire encore plus ?). Un profil devient vite une microentreprise chronophage qu'il s'agit de faire prospérer. Lorsqu'un adolescent consulte frénétiquement son compte Instagram ou TikTok pour voir si sa popularité augmente, qu'en est-il des interactions sociales *réelles* ? Notons que l'adolescent présent sur les réseaux sociaux, même s'il est passif et n'escompte aucun *like*, peut malgré tout souffrir de voir les autres afficher des moments de vie réjouissants quand lui-même souffre de solitude. Il pourra par exemple surprendre des photos de fêtes auxquelles il n'aura pas été invité et se percevoir comme un exclu. En ligne, le phénomène de harcèlement n'est pas le seul à faire des ravages. Être l'observateur impuissant et compulsif de la vie rêvée des autres peut aussi rendre bien malheureux.

Le retrait social n'est pas une spécificité du *hikikomori*. Pour Antonio Piotti, membre du collectif d'auteurs de *Hikikomori, une expérience de confinement*, il est un trait commun à la génération internet dans son ensemble : « En somme, les jeunes aujourd'hui ont accès à tout un éventail de relations virtuelles et imaginaires qui remplacent les relations physiques : il s'agit là d'un véritable retrait social progressif et générationnel. »

Monde virtuel et danger des écrans

La plupart du temps absents des réseaux sociaux, les *hikikomori* se soustraient à cette course à la popularité, jetant un voile opaque sur ce qu'ils sont. Leur attitude est d'autant plus choquante aux yeux des autres qu'elle semble anachronique : comment peut-on aujourd'hui avoir envie de ne pas se montrer ? Comment résister aux sirènes d'une exhibition riche de promesses de succès ? Plutôt que de communiquer en son nom propre en diffusant des images de lui, le *hikikomori* préfèrera le refuge des jeux vidéo. Il se créera un personnage sur mesure et se dotera d'un avatar et d'un pseudonyme. Mort-vivant, elfe, vampire, géant, sorcier, le *hikikomori* pourra se confectionner une identité nouvelle, plus proche de ce qu'il souhaite montrer de lui. Ses interlocuteurs seront d'autres joueurs, eux aussi dissimulés sous le costume d'un avatar, le tout dans un état d'esprit proche de l'hypercontrôle. La critique positive ou négative ne s'attaquera qu'au *personnage dématérialisé*, jamais à l'être humain.

Les millennials ainsi que la génération Z, enfants de la révolution numérique, ont grandi avec des tablettes entre les mains. Ils en connaissent les rouages bien mieux que leurs parents et en sont aussi plus dépendants.

Le 24 octobre 2018, le psychiatre Serge Tisseron, lors d'une table ronde organisée avec la Commission de la culture, de l'éducation et de la communication, mettait les parents en garde contre une utilisation massive et prématurée des écrans par les jeunes enfants : « Le problème des écrans chez un jeune enfant, notamment entre la naissance et trois ans, c'est que tout contact avec un écran risque d'écarter l'enfant d'apprentissages indispensables à cet âge. L'ensemble des travaux de psychologie expérimentale et de neurosciences montrent qu'entre zéro et trois ans, l'enfant a essentiellement besoin d'interagir de façon multimodale – en utilisant l'ensemble de ses sens et dans une relation humaine… »

Quel est le parfum d'une fleur ? Que ressent-on lorsqu'on effleure la crinière d'un poney ? Lorsqu'on marche pieds nus dans la mer ? Lorsqu'on colorie avec un crayon ? Pour nombre d'enfants, toutes ces impressions, premières sensations, se vivent au travers des écrans. Leur dextérité se limite à un va-et-vient du pouce et des index sur des tablettes. Certes, leurs personnages peuvent sauter d'un arbre à l'autre et se tenir en équilibre sur des radeaux de fortune au beau milieu d'un océan déchaîné, mais que savent-ils faire, eux ? À un retard de motricité s'ajoutent un retard de l'apprentissage du langage et une perte de la capacité de concentration.

Corinne Maier le souligne, les concepteurs de ces appareils technologiques connaissent leur pouvoir de nuisance et maraboutent les enfants des autres en épargnant les leurs : « Les têtes pensantes des technologies de pointe ne donnent un smartphone à leurs gosses qu'à partir de 14 ans en moyenne, quand les parents ordinaires le leur mettent à disposition dès l'âge de huit ans. Un des fondateurs de Twitter interdit même la tablette à ses enfants et Steve Jobs refusait que ses enfants utilisent un iPad. »

Habitués à vivre par procuration, les enfants soumis aux écrans trop tôt n'éprouvent plus les sensations dans leur corps et se détachent ainsi de celui-ci. Cette mise sous cloche des sens se traduit par une absence de désir protéiforme : l'exercice physique pas plus que la sexualité ne stimuleront un jeune biberonné au virtuel. D'où l'intérêt pour les parents de ne pas succomber à la tentation – si forte – de laisser un enfant s'occuper tout seul avec des outils technologiques.

Sortir du retrait social

Nous l'avons vu, la légitimité d'une intervention peut être contestée au nom du respect de la liberté individuelle. C'est ce qu'observe le tiers chargé d'intervenir pour aider le *hikikomori* dans le film *De l'autre côté de la porte* : « Beaucoup de gens disent que je me mêle de ce qui ne me regarde pas, que je n'ai pas à intervenir, qu'on doit les laisser libres… » Avant d'en prendre son parti et de se résoudre à intervenir : « Mais aucun d'eux n'est libre. […] Ils sont pris au piège de leur enfermement. […] Il ne s'agit pas d'un désir authentique. Les adultes qui laissent cette situation s'installer devraient penser au droit de vivre de ces enfants, à leur droit humain. Mais ils constatent la chose et ferment les yeux. Pour moi, c'est de la maltraitance. »

En France, psychologues et psychiatres n'ont pu rester insensibles au sort des familles de *hikikomori.* Pour soulager leur souffrance, ils ont recueilli leur parole, mis en place des outils adaptés au mode de vie des *hikikomori* (téléconsultations, visites à domicile) et donné d'importantes pistes de réflexion pour aider le jeune à sortir de son enfermement.

En amont du processus de désocialisation

Compte tenu des passerelles existant entre anxiété sociale et syndrome de *hikikomori*, la lecture des solutions étudiées dans le chapitre 1 de cet ouvrage pourra *a fortiori* aider un *hikikomori* à surmonter certains de ses symptômes liés à l'anxiété sociale, s'il en éprouve, ce qui est le cas la plupart du temps.

Les dangers d'une programmation à la réussite

Avant même d'avoir mené leurs premières expériences, de nombreux jeunes se sentent déjà prisonniers d'un destin prestigieux tout tracé : une mention au baccalauréat, une grande école, une situation de cadre supérieur, etc. Atlas fléchissant sous le poids de la voûte céleste, ils peuvent vivre douloureusement cette situation qui ne leur permet pas de se découvrir et les voue à la réussite. Trébucher, changer d'avis, échouer et papillonner font partie de l'apprentissage, et les accidents de parcours ne doivent pas être dramatisés. Pour qu'un adolescent n'ait pas l'impression d'être « broyé », il appartient aux parents et aux enseignants de ne pas le placer trop prématurément sur des rails, mais de l'aider à découvrir ses aptitudes. Comme l'observe le collectif d'auteurs de *Hikikomori, ces adolescents en retrait*, « si l'on analyse le phénomène *hikikomori*, on peut penser qu'un modèle précocement sélectif, offrant peu de passerelles, de droit à la réorientation, et valorisant peu les alternatives sociales (pratiquer la musique en groupe, s'engager dans un club de sport, etc.) favorise ces retraits ».

Plus l'horizon d'un adolescent sera ouvert, plus il aura de chances de trouver sa voie dans la multiplicité des possibles qui s'ouvrent à lui. À l'inverse, un avenir construit en entonnoir, « Tu seras médecin, avocat, champion de natation », peut vite apparaître comme suffocant. Que se passera-t-il si l'unique but fixé est manqué ? Une catégorisation trop rapide (c'est un scientifique, un littéraire, un manuel, etc.) pourra avoir pour effet d'assécher l'imagination d'un adolescent et de le pousser à se conformer aux attentes. Ménager une longue période d'exploration est donc nécessaire pour lui permettre de se définir lui-même. Plus les activités qui lui seront proposées seront diverses, plus grande sera son aptitude à affirmer et affiner ses choix. Les résultats scolaires doivent être relativisés. Si chaque mauvaise note est accueillie avec anxiété ou colère, une perte d'estime de soi pourra à terme en découler. Le collectif d'auteurs de *Hikikomori, ces adolescents en retrait* l'observe à juste titre : « Les jeunes, submergés par les enjeux immédiats de leur scolarité, oublient l'essentiel de la vie ; qui leur demandera, quand ils auront 30 ans, avec quelle mention ils ont eu le bac ? »

Un enfant ne se confond pas avec son bulletin de notes, et de nombreuses compétences peuvent apparaître sur le tard… Encore faut-il qu'il ne soit pas découragé d'entrée de jeu par des jugements définitifs. De la même façon, la focalisation qui pourra être faite sur son orientation pourra le paralyser. Tous les adolescents ne trouvent pas forcément leur voie à 18 ans. On peut manquer un train, mais attraper le suivant. Plus qu'un métier, ce peut être une passion qui le porte, un goût singulier pour telle ou telle activité, une envie de voyager. Une petite flamme qu'il faut l'aider à entretenir, car l'espoir soutient l'action. Comme l'écrivait Françoise Dolto, « si l'adolescent a un projet, même à long terme, il est sauvé. Il fait des choses pour nourrir ce projet. C'est ce qui rend l'attente supportable dans le purgatoire de la jeunesse, dans cet état d'impuissance et de dépendance économique. »

Trop entourer l'enfant et s'inquiéter en permanence de son avenir peut avoir des répercussions néfastes, non seulement parce qu'il n'apprendra pas à se débrouiller seul, mais aussi parce qu'il pourra avoir le sentiment qu'à sa réussite est subordonné le bonheur de ses parents. Or les ambitions de l'enfant ne coïncident pas toujours avec celles des parents, et il n'est pas rare que le premier se sacrifie pour satisfaire les seconds, quitte à périr d'ennui et, *in fine*, à abandonner.

Les écrans : ni trop vite, ni trop longtemps, ni seul

En 2008, l'ouvrage de Serge Tisseron *3, 6, 9, 12 : apprivoiser les écrans et grandir* a permis aux parents de mieux appréhender la question de l'utilisation des écrans par les enfants. Pas d'écran avant trois ans, pas de console de jeu portable avant six ans, pas d'internet avant neuf ans ou en présence des parents jusqu'à l'entrée au collège. Ce n'est qu'à l'âge de douze ans qu'un enfant peut utiliser internet de manière autonome, sous réserve d'un contrôle des parents. En plus de ces précautions, il importe de veiller au temps de connexion. Par exemple, il pourra être demandé à un enfant de ne pas se connecter au-delà de 21 h, de ne pas se servir d'internet plus de 2 h le samedi, etc. Cela lui laissera tout le temps nécessaire pour entreprendre d'autres activités telles que le sport, la musique, le dessin, etc. Être vigilant dès le plus jeune âge est primordial. Les promenades dans la nature, sur les marchés, dans des fermes pédagogiques, et les ateliers de peinture, de pâte à modeler, de coloriage ou autre ne peuvent être remplacés par des tablettes qui ne feront qu'ouvrir la porte à un monde imaginaire dépourvu d'interactions et de sensations réelles. L'enfant doit apprendre à manipuler des objets, toucher un livre, construire un puzzle, toutes choses impossibles en pratique avec une simple tablette. Le fait qu'un enfant se montre sage lorsqu'il est face à un écran ne doit pas induire en erreur : être sage n'est pas un gage d'épanouissement. Il est même tout à fait inquiétant qu'un enfant en bas âge soit atone face à une tablette et qu'il hurle si on l'en prive. À l'adolescence, la vigilance des parents ne doit pas faiblir. Les jeux vidéo (qui peuvent susciter des addictions), les réseaux sociaux (terre d'élection du harcèlement en ligne), les sites au contenu sensible (pornographiques, extrémistes, ultraviolents, etc.) sont autant de dangers qui peuvent menacer les adolescents. D'où l'intérêt de ne pas céder aux suppliques des enfants et ne pas tout accepter, quitte à se marginaliser vis-à-vis d'autres parents réputés plus tolérants que vous.

Faire face au retrait social

Nous l'avons vu, le syndrome de *hikikomori* est considéré comme tel au bout d'un retrait social de six mois. L'idéal est bien sûr de désamorcer aussi vite que possible le processus et de ne pas laisser une situation d'isolement se normaliser. Avant de recourir à une aide extérieure, les parents de *hikikomori* ont parfois la tentation d'employer la « méthode forte ». Cette dernière peut-elle avoir des effets bénéfiques ?

La méthode forte

Dans le film *De l'autre côté de la porte*, le père de famille informé du retrait social de son fils commence par vouloir l'extirper de sa chambre de force. Sur le palier, on les voit s'affronter, l'un s'appuyant de toutes ses forces aux dormants de la porte pour ne pas être extrait de son abri, l'autre luttant contre des vents contraires pour obliger son fils à réintégrer le monde des vivants. Vaine tentative qui se soldera par une capitulation du père. Ayant retrouvé son sang-froid, ce dernier adoptera une politique attentiste articulée autour du « pas de vagues ». Considérant que son fils *sortira quand il sera prêt* et que parler de sa situation en public est une *honte pour la famille*, il laissera sa femme chercher seule des solutions.

Au Japon, la méthode forte est parfois mise en œuvre par des particuliers à la tête d'entreprises florissantes qui facturent chèrement leurs services auprès de parents désespérés. Le documentaire *Japon, une génération perdue* se penche ainsi sur le travail de Masayuki Hirooka, présenté comme un consultant, n'ayant aucun diplôme de médecine et intervenant à domicile pour sortir des *hikikomori* de leur isolement. Élève jadis harcelé, il s'estime compétent pour cette tâche et se vante de n'avoir jamais échoué. Les images de ce « Pascal le grand frère » nippon peuvent être pénibles à regarder. On le voit tambouriner à une porte, puis prêt à défoncer celle-ci pour arracher un *hikikomori* à sa réclusion. La finalité de cette intervention est ensuite de le placer dans l'un de ses centres de réhabilitation, eux aussi très onéreux. Ce type d'intervention, on peut le comprendre, repoussera la plupart des parents. Il n'est d'ailleurs pas plébiscité par le corps médical.

De manière plus subtile, Corinne Maier décide, dans *Dehors les enfants !*, d'en finir avec une approche compréhensive et de pousser son fils Lulu vers la sortie, grâce à des stratégies détournées. L'idée est en quelque sorte de faire comme s'il avait déjà quitté les lieux (cuisiner pour elle seule, afficher sa vie sexuelle, cesser de s'occuper de lui) et de l'assommer de mauvaises nouvelles (feindre des difficultés financières, des ennuis de santé...). Fiction ou réalité, Lulu plie bagage en fin d'ouvrage, ayant manifestement reçu les messages pas si subliminaux que cela envoyés par sa mère. Notons que le cas de Lulu semble plutôt léger au regard de celui des *hikikomori* : avec lui, le dialogue n'est jamais vraiment rompu, il sort « peu », ce qui signifie qu'il s'aventure tout de même dehors, et point non négligeable, il prend soin de lui, puisqu'il accorde une attention toute particulière à ses cheveux. Cet exemple ne saurait donc refléter les cas de réclusion les plus sérieux. Nombre de parents oscillent entre attitude autoritaire et compréhensive, sans que ni l'une ni l'autre ne semblent porter leurs fruits, c'est pourquoi ils s'en remettent aux avis de spécialistes. Un autoritarisme aveugle peut avoir des conséquences désastreuses : brutaliser un adolescent pour l'obliger à sortir de sa chambre peut entraîner une riposte aux conséquences inévaluables. Le priver de ses écrans est également loin d'être une solution opportune (*cf.* points suivants).

Repenser le schéma familial

Les familles de *hikikomori* tardent à consulter, le syndrome de « double *hikikomori* » les poussant au repli, mais s'y résignent lorsqu'un évènement vient bousculer le quotidien. Cela peut être le cas si l'état de santé du *hikikomori* se dégrade. Cela peut aussi être le cas lorsqu'un étranger à la famille s'offusque ou s'inquiète de la situation. Un regard accusateur qui renforce la culpabilité des familles, mais qui les incite à solliciter enfin de l'aide. Pour des raisons évidentes, la demande d'aide vient de la famille, étant entendu que le jeune ne se considère pas comme malade et qu'il ne manifeste pas le désir de sortir de son enfermement. C'est donc sans le protagoniste principal que se tiennent les premières rencontres.

LA NÉCESSITÉ D'UNE DIFFÉRENCIATION

Comme le relève Marie-Jeanne Guedj dans *Hikikomori, une expérience de confinement*, la demande des parents ne manque pas d'une certaine ambivalence : « Le désir de changement est assorti d'une crainte de ce changement : "Peut-on le laisser partir sans danger ou doit-on malgré tout garder cet enfant à proximité ?" » La peur panique d'un suicide ou de conduites autodestructrices explique la réticence des parents à voir s'éloigner un jeune qu'ils imaginent évidemment fragile.

Comme on peut le lire sur le site de l'Association francophone pour l'étude et la recherche sur les *hikikomori*, « l'accompagnement de la famille, avant d'entrer en contact avec le jeune, est donc important. Ce n'est pas une psychothérapie, mais plutôt une guidance comme on pratique avec les parents de plus jeunes enfants. C'est une aide à la compréhension de la situation, un recadrage des positions de chacun, parfois en lien avec d'autres expériences vécues, afin de soulager le fardeau de la famille, si toutefois celle-ci y est prête. »

La guidance parentale vise aussi à aider les membres de la famille à se différencier. Il s'agit ici de repenser le rôle de chacun des parents.

Inclure et aider les pères

Nous l'avons constaté précédemment, la configuration familiale préexistant à l'apparition d'un syndrome de *hikikomori* est souvent la même. La mère y tient une place prépondérante, soit parce qu'elle s'occupe seule du foyer, soit parce que le père adopte un comportement effacé, relevant parfois de la figuration. Les psychiatres insistent sur la nécessité d'associer le père aux entretiens et de lui apporter toute l'aide dont il a besoin.

Sortir du huis clos familial

Faute d'apport extérieur, la situation d'enfermement tend à s'autoentretenir. Éviter le syndrome de double *hikikomori* semble à ce titre essentiel. Cela peut être possible si la famille ne renonce pas à sa propre vie sociale et continue quoi qu'il arrive à recevoir du monde à la maison (cousins, amis, relations professionnelles, artisans, etc.). Si le syndrome de double *hikikomori* est installé, la prise de contact avec un professionnel semble être l'issue la plus adaptée. Une fois le contact établi avec les parents, le professionnel pourra tenter d'instaurer un dialogue avec le jeune. Cette mise en relation est facilitée par le recours aux outils technologiques (SMS, entretiens en visio, etc.). Cette manière de procéder évite de braquer le jeune en situation d'isolement, puisqu'elle ne l'oblige pas à sortir de chez lui ni à rencontrer physiquement quelqu'un dans un premier temps. Ensuite, la visite à domicile ou au cabinet de consultation pourra être envisagée.

Une réinsertion progressive

L'OUTIL NUMÉRIQUE : LE VICE ET LA VERTU

Tous les parents ou presque sont effleurés par l'idée de couper l'ordinateur pour obliger le jeune à sortir de son retrait. Débrancher une fois pour toutes et en finir avec les jeux vidéo, les heures entières de navigation perdues, la fréquentation incessante des sites de streaming pour télécharger de nouveaux contenus, etc. C'est oublier un peu vite que le numérique peut aussi apparaître comme une planche de salut. Invitée par Serge Tisseron sur Radio France dans l'émission *Une adolescence sans fin*, la sociologue Maïa Fansten met pourtant les parents en garde contre une telle démarche, et ce, pour une triple raison.

Colosse aux pieds d'argile

L'adolescent qui joue aux jeux vidéo s'inscrit dans un monde imaginaire qui lui renvoie une image flatteuse. Il n'est pas un jeune oisif sans perspectives, mais un puissant personnage parfois reconnu par toute une communauté de joueurs. Le priver de console et ainsi faire disparaître le mirage de sa force pourrait affaiblir encore un peu l'estime qu'il a de lui-même. Maïa Fansten l'explique ainsi : « Il n'est pas rare que l'on voie des situations où ces jeunes qui se sentent moins que rien, insuffisants, impuissants à l'extérieur, soient très puissants à l'intérieur de leur chambre parce qu'ils sont des chefs de guerre incroyables dans leur jeu. »

Dis-moi quel est ton avatar...

Au surplus, les psychiatres et psychologues peuvent, comme le relève Serge Tisseron, utiliser ces outils numériques comme « leviers thérapeutiques ».

Dans la même interview, Maïa Fansten observe : « Il ne faudrait surtout pas s'imaginer que la première chose à faire, c'est de débrancher l'ordinateur. [...] Il y a des services en France, en Japon, en Italie où l'idée, c'est de travailler justement avec le support de ces usages numériques. [...] Comment tu as choisi cet avatar ? Pourquoi cet avatar ? [...] Et on travaille avec cette alliance-là plutôt que contre. »

La nature de l'avatar choisi par le *hikikomori* peut constituer un indice précieux, un outil à disposition du psychiatre ou du psychologue. Le fait de choisir pour avatar un mort-vivant, un chef de guerre, un vampire ou un elfe n'a pas la même portée symbolique. Se rapprocher de l'avatar, c'est se rapprocher du *hikikomori* en comprenant mieux son imaginaire.

Une fenêtre sur le monde

Maïa Fansten insiste : « Ce n'est pas le numérique, le jeu vidéo qui crée le retrait. [...] Les usages compulsifs existent avec impossibilité de se détacher du jeu vidéo [...] mais d'autres peuvent être tout à fait différents. [...] Il y en a qui utilisent ce temps de retrait pour s'informer, pour se former. »

Les outils numériques ne sont pas la cause de l'enfermement, même s'ils facilitent la vie d'un retirant en lui offrant des sources de distraction infinies. Souvent pointés du doigt, ils alimentent le retrait social, mais peuvent aussi placer le *hikikomori* sur le chemin de la sortie. Grâce à des formations en ligne, il pourra entreprendre une reconversion professionnelle, obtenir des titres et diplômes. Il aura également la possibilité de trouver des missions en tant que travailleur free-lance : rédacteur, graphiste, illustrateur, traducteur, webmaster, correcteur, etc., sont autant de métiers qui peuvent se pratiquer à distance. Des rentrées d'argent même modiques peuvent considérablement aider un jeune à retrouver confiance en lui.

Enfin, n'oublions pas qu'internet offre le moyen à chacun de tisser des liens avec autrui, soit sur des forums de discussion, soit sur les réseaux sociaux, soit encore sur des sites de rencontre. À tout moment, un *hikikomori* peut ainsi rompre le cercle de la solitude en jetant une bouteille à la mer. Avec l'espoir, peut-être, de rencontrer des pairs ou de tomber amoureux.

Sortir de la compétitivité

Nous l'avons vu, les *hikikomori* sont fréquemment dépassés par les attentes qui pèsent sur eux, par l'idée d'un retour sur investissement qui serait exigé des parents. Craignant de ne pas atteindre leurs objectifs ou ceux de leurs parents, vivant dans la hantise de décevoir, ils choisissent l'enfermement, ultime recours pour échapper à l'échec. En cela, leur problématique est à rapprocher de l'angoisse de performance, phénomène déjà rencontré lors du chapitre 1 relatif à la phobie sociale. Sortir d'un système compétitif pour lui préférer des activités de groupe peut endiguer un processus d'isolement. Dans *Hikikomori, ces adolescents en retrait*, Serge Tisseron observe : « Le professeur Kunifumi Suzuki, de l'université de Nagoya, privilégie des activités de groupe qui visent à développer les motivations aux apprentissages, mais en évitant tout aspect compétitif. Ces propositions rejoignent nos hypothèses [...] : la prise en charge passe d'abord par le fait de signifier au *hikikomori* qu'on l'accepte comme il est et de lui confier des tâches qui ne soient soumises à aucune forme d'évaluation... »

L'autoformation en ligne peut aussi être un bon moyen d'accéder à des connaissances et à un savoir-faire sans avoir à se confronter au cadre compétitif d'une école ou d'une université.

Savoir s'éloigner

La plupart du temps très soudées, les familles au sein desquelles évolue un *hikikomori* ont du mal à envisager la séparation. Pourtant, celle-ci peut être bénéfique, ouvrant la possibilité d'un nouveau départ au *hikikomori*. Cela peut passer par un changement radical, comme un voyage au bout du monde. Les témoignages de *hikikomori* sortis de leur cellule ne manquent pas : à présent globe-trotters, écrivains, chefs d'entreprise, tous racontent avec un même enthousiasme la joie d'avoir réintégré la société. Conscients de la dureté d'un enfermement, certains « rescapés » décident de venir en aide aux autres en leur offrant temps et écoute. Ces exemples réconfortent, tant ils témoignent d'un appétit de vivre et d'un changement profond d'état d'esprit.

Rencontre avec Marie-Jeanne Guedj-Bourdiau, psychiatre et pédopsychiatre, ancienne cheffe du pôle urgences psychiatriques de l'hôpital Sainte Anne (Paris), fondatrice de l'AFHIKI, Association francophone pour l'étude et la recherche sur les *hikikomori*.

D'après vous, existe-t-il une manière de prévenir l'apparition du syndrome de *hikikomori* ?
MJGB : Oui, sûrement, car environ la moitié des personnes enfermées a un passé dans l'enfance, un passé de harcèlement, de traumatismes, phobies scolaires, etc. Il existe une manière de prévenir, au niveau de l'école.

Pour vous, c'est du ressort de l'école ?
MJGB : Dans un certain nombre de cas. Je ne diabolise pas du tout l'école.

Existe-t-il un mode d'éducation, une typologie de famille qui favorisent l'apparition du syndrome ?
MJGB : Je ne crois pas. Beaucoup de recherches ont été menées à ce sujet. À une certaine époque, il se disait qu'un manque d'empathie, un rejet pouvaient être en cause, mais tout cela n'est pas vrai du tout. Ce ne sont pas des familles rejetantes ou qui ne sont pas aimantes. Des familles surprotectrices, sûrement, des familles avec la peur du dehors aussi. Ce point reste à relativiser, puisqu'aujourd'hui, tout le monde est un peu terrifié par ce qu'il se passe

dehors. J'ignore si cela peut les caractériser plus que d'autres. Qu'est-ce qui fait qu'au moment où les parents sont inquiets ou ont des soucis personnels, il n'y a pas un relais extérieur ? C'est peut-être cela la question. Normalement, tout enfant qui arrive à l'adolescence va voir d'autres gens que ses parents. Il va chez les grands-parents, les parrains, les parents des copains. S'il trouve qu'à la maison, tout le monde est trop angoissé, il dispose de recours extérieurs. Dans le cas des *hikikomori*, non. Il reste un peu, lui aussi, pour surveiller ce qu'il se passe à la maison.

Vous – je parle des professionnels de la santé – êtes amenés à vous occuper des *hikikomori* qui, par ailleurs, ne sont pas considérés comme des malades. Avez-vous l'impression que nous allons vers une « psychiatrisation » du syndrome de *hikikomori* ? À l'heure actuelle, on parle de « l'état », de la « condition » de *hikikomori*, ce qui s'accompagne d'un grand vide pour la prise en charge qui semble ne relever de personne...

MJGB : Apparemment, au Japon, cette question de la maladie ou non ne se pose pas. Ce que nous constatons, en France, c'est que cet état de *hikikomori* génère une grande souffrance pour tout le monde, à la fois pour l'entourage et pour le jeune. Aujourd'hui, la psychiatrie s'occupe de la santé mentale, c'est-à-dire de la souffrance, mais si nous

nous rendons compte qu'une personne est insatisfaite de son existence, elle mérite que nous essayions de lui apporter de l'aide. Ce qui apparaît aussi, c'est la présence d'un autosabotage. Il ressort de certains articles, un peu partout dans le monde, qu'après tout, si ces jeunes se trouvent bien de la sorte, il faut les laisser tranquilles. Reste qu'actuellement, nous sommes confrontés à un problème que les Japonais nomment les « 50-80 ». Le *hikikomori*, qui finit par atteindre les 50 ans, a des parents âgés de 80 ans. Ces derniers commencent à se demander : « Que va-t-il se passer, à présent ? » Il n'est pas rare, d'après ce que me disent mes collègues japonais, que les *hikikomori* se retrouvent, à la mort de leurs parents, à la rue. Un certain nombre de jeunes *hikikomori* le disent : « Un jour, je serai SDF. » Lorsque vous entendez cela, vous ne pouvez pas dire que ce problème ne vous intéresse pas au motif qu'il n'entre dans aucune classification médicale…

Ces jeunes semblent disparaître complètement des radars, ils ne sont pas demandeurs d'emploi, ils ne sont pas en formation…

MJGB : Oui. Les jeunes me disent souvent qu'ils vivent cette situation comme un « passage ».

Qu'en est-il des difficultés de réinsertion ?

MJGB : Elles sont importantes. Le fait d'être enfermé à 18-20 ans ou à 30-35 ans n'implique pas le même pronostic social. Socialement, on se montrera très accueillant avec un jeune de 22 ans, beaucoup moins avec une personne de 35 ans, c'est ainsi...

La psychanalyste Corinne Maier a écrit un ouvrage, *Dehors les enfants !*, dans lequel elle évoque la situation de son fils Ulysse, 25 ans, qui se rapproche de l'état de *hikikomori*. Disons qu'il présente un profil de Tanguy. Elle procède à une critique de l'éducation post-soixante-huitarde d'une façon humoristique et en appelle presque à un retour de l'autorité, sinon de l'égoïsme parental. De votre côté, vous employez une expression assez sombre, vous expliquez que beaucoup de parents craignent que « la mort rôde » autour du jeune *hikikomori*... Pensez-vous que la manière forte préconisée par Corinne Maier et visant à rendre l'environnement du jeune *hikikomori* inhospitalier (en ne faisant plus les courses, en ne lui préparant plus les repas) puisse avoir des vertus ?

MJGB : Je peux vous dire que le concept de parent-hélicoptère[1] développé dans le livre est assez juste ! J'encourage parfois les parents à être dans le « pas tout », c'est-à-dire à ne pas remplir totalement le réfrigérateur, à ne pas répondre à toutes les exigences du *hikikomori*. Je pense que le fait de montrer une certaine autorité peut permettre

1. Dans son ouvrage, *Dehors les enfants !*, Corinne Maier écrit : « Je suis une mère impliquée. Une mère juive comme on dit en français, un parent-hélicoptère, comme disent les Anglo-Saxons. Le parent-hélicoptère est celui (généralement celle) qui prépare à manger, aide aux devoirs, achète les livres de classe, inscrit au club de plongée, accompagne chez le docteur, prévoit le goûter, organise des activités, défriche Parcoursup, etc. »

d'obtenir quelques résultats, mais il faut nuancer ce propos. Si je dis à des parents « employez la manière forte, fermez tout à clé et partez », je pense que cela ne fonctionnera pas. Il faut tenir compte de la sensibilité des parents qui ne sont pas du tout en mesure de faire de telles choses et voir les alternatives qui existent. Il m'est arrivé de le faire, je me suis sentie coupable. À ma grande surprise, cela a eu un effet positif.

Cela n'a pas été contre-productif ?

MJGB : Non, mais si j'avais conseillé cette méthode d'emblée, je pense qu'elle n'aurait pas fonctionné. Je crois qu'il faut faire preuve de prudence en la matière. Les parents ont souvent peur de ne jamais revoir leur enfant s'ils optent pour des solutions radicales.

La crainte du suicide ? De la brouille familiale ?

MJGB : La crainte de la séparation. Les membres de la famille sont souvent très proches, très soudés. En filigrane, il y a l'idée selon laquelle si l'on bouscule l'ordre des choses, on ne sait pas vers quoi l'on va.

Cela rejoint votre idée de la différenciation[1] ?

MJGB : Oui, les personnes sont souvent très proches, très anxieuses les unes des autres.

1. La « guidance parentale » repose sur l'idée de différenciation en partant du postulat suivant : les parents pourront d'autant mieux aider leur enfant à se différencier qu'ils se seront eux-mêmes différenciés. L'idée est de ne plus percevoir la famille comme un tout ou comme un bloc, mais comme un ensemble composé d'individus distincts les uns des autres.

Avez-vous l'impression que les *hikikomori* japonais sont les mêmes que les *hikikomori* français ?
MJGB : C'est difficile à dire. Déjà, les *hikikomori* japonais se reconnaissent comme un groupe, ce qui n'est pas le cas des *hikikomori* français. J'ai beaucoup de mal à considérer les *hikikomori* français que je vois dans les groupes Facebook comme des *hikikomori*. À mes yeux, ceux qui rejoignent des groupes sont dans une sorte de « romantisme du *hikikomori* ». Au Japon, le *hikikomori* correspond à la fois à la situation et au nom de la personne. Il n'existe pas chez nous de terme équivalent. Le terme « retirant » apparaît parfois, mais il est peu employé. Les jeunes Français que nous voyons en consultation ne se reconnaissent pas du tout dans le mot *hikikomori*. Les parents sont rassurés par le terme *hikikomori*, mais les jeunes s'en détachent, affirmant qu'ils n'ont rien à voir avec cela et que la culture japonaise ne les intéresse pas, que les mangas sont dépassés, etc. Au Japon, il n'existe pas de prise en charge publique, simplement des prises en charge libérales. J'ai visité un foyer pour *hikikomori* à Tokyo. Un *hikikomori* de 47 ans m'a accueillie – il était ici depuis 20 ans – et m'a présenté le foyer. Dans ces lieux sont organisées des activités semblables à celles qui sont proposées dans les foyers psychiatriques de postcure chez nous : ils préparent des gâteaux, etc. J'ai demandé aux personnes qui nous ont accueillis qui finançait

ces organismes. La famille paie 2 000 euros par mois. J'appelle cela un EHPAD pour *hikikomori*... Les jeunes vont et viennent dans ces endroits, mais on admet que l'on tire un trait sur leur socialisation.

Les *hikikomori* voient-ils plus facilement le jour dans les milieux aisés ?

MJGB : Oui, bien sûr. Je ne dis pas que les gens pauvres souffrent moins que les riches, mais ils souffrent autrement. Un jeune qui évolue dans un deux-pièces comprenant dix personnes n'a pas les moyens de s'enfermer dans une chambre avec son ordinateur ni de pratiquer l'inversion du rythme du sommeil. Pour avoir cette liberté, il faut avoir une chambre pour soi et un, voire deux ordinateurs. Ces conditions ne peuvent être réunies que dans une famille aisée. Les enfants des milieux moins favorisés vont faire d'autres bêtises, ils pourront mal tourner d'une autre manière s'ils souffrent, par exemple en commettant des actes de délinquance, mais ils ne « tourneront pas enfermement », faute de moyens. Leur souffrance s'exprime autrement. Les *hikikomori* se trouvent dans des milieux moyens/aisés, au sein de familles qui n'exigent pas du jeune une rentrée d'argent. Il existe peut-être une plus grande tolérance dans ces familles qui se disent : « Nous avons le temps, nous verrons, pour l'instant, il fait ce qui lui plait, etc. » Le *hikikomori* n'est pas une maladie, c'est le mode d'expression d'un malaise psychologique, environnemental et de société. Dire que notre société est particulièrement génératrice de malaise, je ne sais pas, la lecture de l'Histoire nous prouve que notre époque n'est pas plus difficile qu'une autre. Ce qui est difficile aujourd'hui, c'est le chômage des jeunes. Je l'ai constaté au moment du confinement. À ce moment-là, les jeunes *hikikomori* sont sortis, d'abord parce qu'ils ne voulaient pas que leurs parents tombent malades. Ils ont fait les courses eux-mêmes. Ils sont sortis aussi parce que la maison était remplie. Ils ont été bousculés dans leurs habitudes. Par ailleurs, cette période les a un peu réjouis, ils se sont dit : « Chic, on est comme tout le monde ! » Cela n'a duré qu'un temps. Les jeunes qui étaient en voie de sortie d'enfermement ont vu tous leurs projets professionnels s'effondrer. Ils ne pouvaient plus effectuer de stages. Ceux qui étaient sur une voie ascendante ont été cassés dans leur élan. Cela a été dur. Pour le reste, le confinement leur a donné le sentiment d'avoir eu raison de prendre les devants.

Ils se sont sentis légitimés ?

MJGB : Oui, exactement.

Sont-ils heureux ?

MJGB : Non et ils l'expriment. Ils commencent déjà par formuler des remarques d'opposition. Ils disent ne pas s'aimer, ne pas envisager l'avenir, ne pas être en accord avec eux-mêmes. Ils ne sont pas heureux, mais ils n'adoptent pas l'attitude des déprimés qui demandent de l'aide. Leur état est tellement chronique qu'il ne les pousse pas à solliciter de l'aide. Lorsque les parents viennent me voir, cela peut occasionner un changement chez le jeune qui, constatant la confiance que ses parents me portent, accepte le dialogue. Souvent, nous utilisons la vidéo pour établir le contact.

Vous vous adaptez à leurs moyens de communication ?

MJGB : Oui, mais cela ne peut pas être systématique et doit être entremêlé de rencontres réelles, sinon, nous ne faisons que valider l'enfermement.

Au départ, ce sont donc les parents qui viennent vous voir. Vient ensuite le tour du jeune. Peut-être celui-ci n'apprécie-t-il pas que l'on parle de lui « dans son dos » ?

MJGB : C'est tout à fait ça. Pour en revenir à votre question initiale que l'on pourrait résumer à « de quel droit la psychiatrie se mêle de cela alors que ce n'est même pas un diagnostic ? », c'est tout simplement pour soulager la souffrance. Les parents ont peur d'une catastrophe. Souvent, ils consultent lors de la survenue d'un élément extérieur, par exemple, si un beau-frère fait son apparition dans la famille et qu'il s'étonne de la situation. C'est comme si, tout à coup, tout le monde ouvrait les yeux. Le même phénomène peut se produire pour de jeunes filles anorexiques. Il existe une forme d'accoutumance dans ces situations qui se chronicisent. C'est la même chose pour la sénilité, pour les problèmes d'alcool, etc. Les gens vivent la situation de l'intérieur et ne remarquent plus l'anormalité des choses. Un regard extérieur produit l'effet d'un électrochoc.

C'est ce même œil extérieur qui génère le phénomène de double *hikikomori*[1] que vous évoquez dans vos travaux ?

MJGB : C'est cela. Pour fuir le regard des autres, les parents s'enferment aussi. L'irruption d'un « étranger » dans la maison peut changer la donne. Celui-ci peut tenir des propos tels que « si vous ne faites rien pour ce jeune, je ne reviendrai plus, cette situation est anormale ».

D'où l'intérêt de faire toujours venir du monde à la maison…

MJGB : Oh, oui.

Pensez-vous que le principe de *rental sister*[2] soit applicable en France ?

MJGB : Je vous recommande *Family Romance*, de Werner Herzog, un film remarquable et très vrai. C'est un film sur les « gens de location », procédé habituel au Japon. Les sœurs de location sont une fois de plus un service payant. Au Japon, les

1. Double *hikikomori* : enfermement relationnel de la famille en miroir de celui du jeune.
2. Au Japon, les familles peuvent avoir recours à des « sœurs de location », des jeunes filles chargées d'aider le jeune à sortir de son isolement. Elles peuvent lui parler à travers la porte en attendant qu'il accepte de les recevoir.

spécialistes ont considéré qu'il était préférable que ce soit une fille parce que le garçon enfermé pourra y voir un intérêt sentimental. L'issue – non rare – est un mariage. Le jeune va se marier avec la sœur de location. Elle ne pourra donc pas accomplir sa mission bien souvent…

On a l'impression que le nerf de la guerre reste l'argent, tant en amont, puisqu'il favorise l'état de *hikikomori*, qu'en aval, puisqu'il faut des moyens pour l'extraire de cette situation ?

MJGB : Oui. Maintenant, en France, des équipes de soin se déplacent à domicile, mais c'est évidemment différent d'une sœur de location. Celle-ci entre vraiment dans la vie des familles.

Pour vous, aujourd'hui, quelles sont les meilleures pistes pour sortir de cette situation ?

MJGB : La piste la plus importante, c'est de soutenir la famille. Celle-ci pense souvent trop vite qu'il faut soigner le jeune, mais le jeune le refuse. Les choses doivent d'abord changer dans l'accompagnement de la famille, dans le traitement de son anxiété. Si la situation est trop grave, l'hospitalisation du jeune peut être envisagée. Lors d'un colloque, un intervenant japonais a fait remarquer que le syndrome de *hikikomori* ne correspondait pas du tout à l'agoraphobie, mais plus à la peur des relations sociales. C'est très juste. Je reçois des jeunes qui viennent d'assez loin et qui me confient que le transport ne les inquiète nullement. C'est l'interaction avec les autres qui leur pose un problème.

Le syndrome de *hikikomori* serait alors plutôt voisin de la phobie sociale ?

MJGB : Oui, le problème ne se niche pas dans la peur d'être dehors, c'est-à-dire la peur des transports, mais bien dans la peur d'être avec les autres. Ils sont capables de voyager s'ils ont l'assurance de pouvoir rester « dans leur bulle ».

Le syndrome de *hikikomori* n'est pas une maladie, mais il semble favoriser l'apparition de troubles divers…

MJGB : Oui, il peut aussi cacher une maladie. C'est une conduite, un mode d'expression du malaise. Il faut comprendre à quoi s'apparente ce malaise.

Quel rôle jouent les réseaux sociaux pour les *hikikomori* ?

MJGB : Ces jeunes ne sont pas sur les réseaux sociaux, car c'est sans doute trop interactif pour eux.

Peut-être parce qu'il y a une dimension de « frime » sur les réseaux ?

MJGB : Oui, ils ne peuvent pas frimer du tout. Certains jeunes me le disent.

Le retrait social est-il une sorte de punition que les jeunes s'infligent ?

MJGB : Oui, cela revient à cela. Certains arrivent à le verbaliser. Beaucoup de jeunes utilisent leur ordinateur comme un moyen pour ne pas penser. Cela leur évite de réfléchir à leur situation.

De nombreux parents font passer des tests de QI très tôt à leurs enfants pour détecter l'éventualité d'une caractéristique HP (haut potentiel). Ces attentes parfois énormes qui pèsent sur les épaules d'enfants détectés haut potentiel ne sont-elles pas génératrices *a posteriori* d'une certaine dévalorisation ? Placé si haut, un enfant ne peut que décevoir...

MJGB : Certains jeunes me confient en avoir assez de l'étiquette HP, même si les parents la pensent valorisante. Partout où ils passent, leur statut HP est évoqué, on ne parle plus que de cela, en famille, auprès d'amis, etc. En outre, le fait d'être HP ne préjuge en rien de l'avenir... Ces enfants sont placés dans des catégories à part dans les classes, ils sont surveillés... comme des malades.

On ne laisse pas aux enfants le loisir d'être moyens ?

MJGB : Les jeunes haut potentiel se voient répéter sans cesse qu'ils ne sont pas comme les autres puis on vient leur dire qu'il existe des groupes de gens comme eux... Finalement, ils ne se reconnaissent pas dans ces caractéristiques, dans ces groupes de « zèbres ».

Souhaitez-vous faire passer un message ?

MJGB : Je pense que les parents ne doivent pas être pressés, pas être dans l'attente impérieuse d'un « déclic » qui puisse expliquer le pourquoi ou permettre d'envisager l'issue. Le travail à effectuer ne peut être que conjoint et les buts fixés doivent être minimes. L'objectif ne peut pas être d'emblée de faire sortir le jeune *hikikomori*. Le but est plutôt de le réintégrer dans l'univers des humains dont il s'est senti exclu. La patience reste le maître mot. Une telle situation ne peut cesser en quinze jours. Les petits pas de retour à la vie sont importants.

3

Le syndrome de la cabane

Une famille de canards en balade sur le périphérique parisien, des renards en goguette profitant du soleil printanier au Père-Lachaise, la place de l'Étoile désertée, voilà quelques scènes stupéfiantes qu'observent les Français devant leur poste de télévision en mars 2020. Quelques jours plus tôt, les trains étaient saturés de voyageurs quittant leurs appartements étriqués pour la campagne, les supermarchés envahis de consommateurs assaillis par la peur du manque, les bars emplis de fêtards profitant de leurs dernières heures de liberté.

Pour la première fois, le quotidien des *hikikomori* est partagé par l'ensemble de la population. Responsable de centaines de milliers de morts à travers le monde, le virus de la covid-19 terrifie. Pour endiguer les contaminations, la solution radicale du confinement a été choisie. Dorénavant, les sorties sont subordonnées à des attestations. Les Français ne peuvent s'éloigner à plus d'un kilomètre de leur domicile. Et pas plus d'une heure de liberté qui devra être justifiée (courses alimentaires, rendez-vous médical, aide à un proche, etc.). Les propriétaires de chiens se voient nantis de certains privilèges. Le télétravail se généralise. Bars, restaurants, boîtes de nuit, musées, centres sportifs, ludothèques, tout est fermé ou presque, à l'exception des commerces dits essentiels. Dans les hôpitaux et les EHPAD, les personnes esseulées ne reçoivent plus de visites.

Éprouvés par des conditions de vie aussi spartiates, certains craquent et transgressent les règles communes en participant à des dîners clandestins. La réprobation est générale. Ceux qui mettent en danger la vie des autres sont voués aux gémonies. Chaque jour, le nombre de morts est égrené à la télévision. Face au virus, le gouvernement tâtonne, annonçant l'inutilité, voire le danger du masque dans un premier temps, avant de l'imposer par la suite. Gel hydroalcoolique, gestes barrières, distanciation sociale, travail en distanciel, en présentiel, le vocabulaire de tout un chacun s'enrichit au gré des nouvelles mesures de précaution adoptées. Ce confinement sera suivi d'un autre, puis de limitations répétées dans la liberté d'aller et de venir, avec la mise en place de divers couvre-feux. À Noël, les mots du professeur

Rémi Salomon, président de la commission médicale de l'AP-HP, indignent : « On coupe la bûche de Noël en deux, et papy et mamie mangent dans la cuisine et nous dans la salle à manger. [...] Si je transmets le virus à papy et mamie, c'est pire que tout. Comment je vais vivre ça, après ? Parce qu'ils ont un risque sérieux d'être en réanimation et éventuellement d'en mourir. » Apeurés, culpabilisés, fragilisés, certains Français redoutent finalement la libération. Ils peuvent sortir, mais ils ne le souhaitent plus. Les spécialistes décrivent alors un syndrome de la cabane ou de l'escargot.

Un problème à grande échelle

Selon l'OMS, la pandémie de la covid-19 a augmenté la fréquence des troubles anxieux ou dépressifs de plus de 25 %. En 2022, 13 % de la population mondiale est concernée par les problèmes de santé mentale. Une lame de fond d'après covid qu'avaient vu venir de longue date les spécialistes de la santé mentale. Non répertorié par le DSM, le syndrome de la cabane n'est pas à ce jour considéré comme une maladie mentale, même s'il est pris très au sérieux par les professionnels. Le nom de ce symptôme fait écho aux troubles ressentis par les chercheurs d'or au début du XXe siècle qui, après être restés dans leur cabane durant des mois au Canada, ressentaient une importante anxiété au moment de regagner la ville. Un phénomène de même nature a pu être observé chez des prisonniers ou des malades ayant vécu pendant de longues périodes loin de la société. Victime des attentats de Charlie Hebdo en 2015, le journaliste Philippe Lançon fut hospitalisé durant de nombreux mois. Dans un ouvrage intitulé *Le Lambeau*, il relate cet épisode : « Il me faut donc commencer par avouer que, malgré les souffrances, les angoisses, les cauchemars, les attentes, les déceptions, les visions de mes plaies, l'enchaînement des blocs, la sensation de n'avoir plus aucun avenir en dehors de la chambre, j'ai éprouvé un certain bonheur à résider ici, sans téléphone, sans télévision, presque sans radio, sous surveillance policière permanente, avec des visites systématiquement filtrées. » Au moment de quitter l'hôpital, le patient se sent déboussolé, effrayé à l'idée de quitter un établissement où il se sent protégé pour réintégrer le monde du dehors marqué, dans son cas, par la violence : « Il n'est pas si facile de remettre les deux pieds sur la rive des vivants. Voulais-je sortir et retrouver ma “vie d'avant” [...] ou ne le voulais-je pas ? »

Le difficile accès aux soins prive régulièrement les gens souffrant du syndrome de la cabane d'un interlocuteur capable de les aider. D'où la solitude et le sentiment d'abandon qu'ils peuvent ressentir.

Bombes humaines

Peur d'être contaminé, peur de contaminer les autres, la population a vécu dans la hantise d'être victime ou bourreau. De nombreuses personnes ont outrepassé les règles qui leur étaient imposées en faisant preuve d'une prudence sans limite (laver chaque ingrédient au retour du supermarché, utiliser le gel alcoolique au point d'avoir des crevasses sur les mains, porter le masque en tout lieu, même après la levée des directives gouvernementales). Pour les personnes les plus âgées ou présentant un risque particulier de développer une forme grave de la maladie, ces précautions visaient avant tout à se protéger elles-mêmes. Pour les autres, enfants, adolescents, adultes sans risque particulier, il s'agissait davantage de protéger les populations fragiles, notamment les grands-parents. Les enfants et adolescents ont pu se sentir particulièrement visés par les différents messages diffusés à la télévision faisant d'eux des contaminateurs en puissance. Certains d'entre eux, déjà sujets à des troubles anxieux (TOC, attaques de panique, etc.), ont fini par se laisser submerger par l'angoisse au point de ne plus oser sortir le moment venu. Le caractère répétitif des confinements et couvre-feux et les informations contradictoires entendues ont pu renforcer leur sentiment d'insécurité. Pour ceux-là, le danger continue à rôder. Au syndrome de la cabane, Hélène Feuillet, philosophe et psychanalyste, préfère l'expression « syndrome de la bulle ». Invitée à débattre par le site www.18h39.fr, elle déclarait le 30 mai 2020 : « Ce que je trouve problématique, ce n'est pas la cabane, car après tout, dans la cabane, il y a des portes et des fenêtres, il y a un rapport avec un dehors. Ce que je trouve problématique, c'est le moment où la maison se transforme en bulle, on dit “on rentre dans sa bulle”. Là, il y a une jouissance de l'enfermement, qui devient très problématique et qui a été encouragée par la situation sanitaire. C'est normal, car l'autre est un danger potentiel, une menace. [...] Je n'aime pas le terme “cabane”, je préfère l'appeler “syndrome de la bulle”. Il nous rappelle qu'on peut mourir pour essayer de ne pas mourir. Dans une bulle, on étouffe et on meurt. »

La honte de soi

Durant un an et demi, presque deux ans, les Français ont souffert des restrictions sanitaires. L'inquiétude, la sédentarité, le besoin de s'accorder de petits moments de réconfort ont pu occasionner des changements physiques. De nombreuses personnes ont pris du poids, d'autres ont vieilli, d'autres encore, les adolescents, ont effectué une véritable mue. Ils étaient des enfants au moment où leur école a fermé, puis au fil des mois, ils sont devenus des adolescents. Enlever le masque, s'exposer au grand jour, afficher ses transformations physiques peut être douloureux à vivre et faire surgir des complexes. C'est ce qu'expliquait Hélène Romano, psychothérapeute, invitée sur le plateau de France Bleu le 23 juin 2021, dans un numéro de l'émission *C'est déjà demain* intitulé « Le syndrome de la cabane : "laissez-moi confiné" ! » : « Pour certains adolescents, il faut aussi y penser, un an, un an et demi, il y a des ados qui ont eu leur puberté, ils ont profondément changé, dans un sens ou dans l'autre, et affronter le regard des autres, on n'y pense pas, mais ce n'est pas simple. »

En outre, le mode de vie imposé par le confinement a facilité le développement d'une addiction aux écrans et justifié l'utilisation du numérique là où il était d'ordinaire exclu. La classe s'est tenue en visioconférence, et les possibilités d'échanges réels avec les camarades (bavardages en classe, jeux dans la cour de récréation, au gymnase, etc.) ont disparu. Difficile d'expliquer à une génération qui n'a pas eu le droit de sortir qu'elle le doit aujourd'hui, que des comportements naguère préconisés sont en réalité néfastes. La légèreté, l'insouciance, l'envie de découvrir le monde se sont teintées de gravité. L'autre peut être moqueur, hostile, dangereux de surcroit, n'est-il pas plus sécurisant de rester à la maison ? Invité de l'émission *En quête de sens* de Radio Notre-Dame le 25 mai 2020, le psychiatre Serge Hefez remarquait : « Certains ont créé autour d'eux un véritable cocon sécuritaire, au point de développer une véritable phobie de l'extérieur, comme certains jeunes avec la phobie scolaire. »

Une expérience initiatique

À côté de ces cas où la souffrance s'exprime se trouvent d'autres profils, plus sereins, mais tout autant déterminés à rester à demeure. Et ils ne sont pas rares, à en juger par l'explosion du marché du vêtement d'intérieur (kimonos, panta-joggs, pyjamas, etc.) ou le boom du marché du *do it yourself*, qui attestent d'une volonté largement partagée de rester chez soi, où il est possible de voir ses enfants grandir, de pratiquer des activités manuelles (bricolage, jardinage), intellectuelles (lecture, écriture...), relaxantes (méditation, yoga...), loin du brouhaha de la ville, des dangers du monde extérieur, du pensum que constitue la vie de bureau. Confinés malgré eux, ils le restent de leur propre chef, pouvant compter sur la nouvelle possibilité de télétravailler pour perpétuer ce mode de vie. Heureux loin des autres, ils se sont parfois découvert une nouvelle vocation et ne souhaitent pas reprendre leur vie là où ils l'avaient arrêtée.

Quitter la cabane, sortir de la coquille

Le syndrome de la cabane ou de l'escargot, nous l'avons vu, n'atteint pas les personnes qui en souffrent avec le même degré d'intensité. Pour certains, le retour au travail et à la vie sociale n'est pas facultatif, mais obligatoire, et ils peuvent ressentir une profonde détresse à l'idée de s'éloigner de chez eux. Les spécialistes sont unanimes et préconisent la politique des « petits pas » pour renouer avec la vie en collectivité.

Cerner le problème

Interrogé par le site www.pourquoidocteur.fr, le 18 mai 2021, le psychologue Benjamin Lubszynski remarque : « Il faut que ces personnes parviennent à différencier ce qui tient des décisions objectives qui sont de la prudence et ce qui relève de la phobie, où il n'est plus question de simple prudence face à un danger objectif. »

En d'autres termes, il importe pour vous de savoir si votre comportement se justifie encore ou s'il relève d'une crainte disproportionnée au regard du danger. Votre peur vous semble-t-elle raisonnable ou est-elle devenue envahissante ?

Relaxation, méditation

Profitez du temps qui vous est imparti chez vous pour essayer de dompter vos angoisses en pratiquant des exercices respiratoires et de méditation (chapitre 1).

S'exposer en douceur

Brûler les étapes n'est pas souhaitable lorsque l'on ressent une peur réelle d'affronter l'extérieur. Comme pour les cas d'agoraphobie ou de phobie sociale, différents troubles peuvent être ressentis, comme l'insomnie, les maux de ventre, les crises d'angoisse, etc. Aussi est-il préférable de privilégier les objectifs modestes, mais réalistes. Hélène Romano suggère « de ne pas aller trop vite [...] : d'abord, descendre de chez soi, se donner de petits objectifs [...] "Je vais à la boulangerie", "Je vais à la Poste" [...], "Je vais dans la cour de l'immeuble" [...] le principal étant de ressortir [...], de reprendre les habitudes sociales, de dire "bonjour", d'oser regarder les gens. [...] Beaucoup de personnes ont changé physiquement pendant ces quasiment deux ans, ont pris du poids, perdu du poids, et le regard des autres est souvent très lourd. [...] "je sors pour moi, peu importe ce que les autres peuvent penser, et je me donne de petits objectifs." »

Envisager un sevrage numérique

Il peut être bon parfois de se détacher un peu des informations inquiétantes et contradictoires pouvant être lues ou vues ici et là. Si vous sentez que votre peur se trouve intensifiée par la lecture fiévreuse de *news* ou de prédictions alarmantes, protégez-vous d'elles et concentrez-vous sur des activités qui vous détendent (sport, travail manuel, balades dans la nature, etc.).

Compter sur les autres

S'il est bien un mot qui a émergé durant toute la période du confinement et même au-delà, c'est celui de bienveillance. Expérience commune par excellence, le confinement a été vécu par tous vos proches, amis et relations professionnelles. Nombre d'entre eux partagent ou ont sans doute partagé vos craintes. Parler avec eux, leur demander de vous accompagner si nécessaire vous sera certainement d'un grand secours.

4

Habiter un monde crépusculaire : le retrait social de survie

« Il faut cultiver notre jardin », écrivait Voltaire, renvoyant les hommes au travail de la terre et au délaissement des activités métaphysiques liées à un autre jardin, celui d'Eden. Depuis la crise sanitaire de 2020, le phénomène d'exode urbain n'a cessé de passionner les médias. Prisonniers de leurs appartements exigus durant la période de confinement, les citadins ont caressé un rêve de nature, de potager, de poules, de moutons, en un mot d'autosuffisance. Revigorées, les provinces ont su chanter les charmes qui sont les leurs et les métros ont vu leurs murs changer de physionomie : « Sologne-Berry : de l'air ! Vierzon, à 2 h de Paris », « Vivez mieux, vivez à Évreux », « Besançon, vous êtes bien partis pour rester »... Un rêve rendu possible par la généralisation du télétravail.

Cette frénésie de nature dissimule mal l'inquiétude que sous-tend l'envie de prendre la clé des champs. Avec la pandémie, de nouvelles craintes sont apparues : que faire en cas de pénurie ? Comment cohabiter avec d'autres êtres humains potentiellement dangereux ? Comment ne pas être pris au dépourvu en cas de catastrophe ? Celle-ci peut revêtir des visages multiples : guerre, épidémie, krach boursier, épuisement des ressources énergétiques, séisme, inondation, accident nucléaire, etc.

La crainte d'une « rupture de normalité », selon l'expression consacrée dans les forums néo-survivalistes, pousse de nombreuses personnes à vouloir prendre les devants, à anticiper, pour être fin prêtes le moment venu. Anticiper, c'est d'abord cesser de croire en l'omnipotence de la société de consommation et réapprendre l'autonomie. C'est couper une chaîne de dépendance, mais aussi repenser le lien social.

La défiance des survivalistes flirte parfois avec l'idée de complot, certains croyant vivre un scénario proche de celui du film *The Truman Show*, qui met en scène une société factice dans laquelle tout n'est que mensonge. Les drames que nous traversons ne seraient-ils pas orchestrés par les *élites* pour des motifs obscurs ? Inconscience ou sabordage ? D'où l'intérêt de se replier et ne plus faire confiance qu'à soi-même ou à un réseau plus ou moins élargi de voisins…

Convaincus de devoir rompre avec le *système*, les survivalistes naguère marginaux se sont multipliés. Marquant leur défiance à l'égard de l'État, ils organisent leur autarcie à grand renfort d'armes, de vivres, de trousses de premier secours et de lampes torches. Croyant davantage à l'union des forces et des intelligences, les néo-survivalistes, encore appelés *preppers*, privilégient un retrait social moins drastique, laissant la place à des contacts avec le voisinage dans un esprit d'entraide. Refusant de rester des consommateurs honteux, ils préfèrent se munir d'une binette, d'un semoir et d'une serfouette pour réensemencer Gaïa. La hantise de la fin rend d'une certaine manière plus libre en ouvrant la voie à une existence moins contrainte, puisqu'amputée du lendemain. Si tout est foutu, autant vivre selon ses convictions et tenir aussi longtemps que possible. C'est un peu l'attitude combative mais désespérée de la chèvre de Monsieur Seguin qui formulait un dernier vœu : « Oh ! pourvu que je tienne jusqu'à l'aube... » Devenue une préoccupation centrale de la jeunesse, l'écologie entraîne dans son sillage de nouveaux maux, au sommet desquels l'écoanxiété. Comment surmonter la crainte de l'avenir dans une société où l'apocalypse semble parfois déjà annoncée ?

Au commencement, le survivalisme

Le phénomène survivaliste passionne le septième art et la télévision, même s'il recouvre des réalités très différentes. Il soulève de nombreuses questions, la plus récurrente étant : quelle serait la valeur de l'argent dans un monde aux portes de l'apocalypse ? Dans certains films, seuls les riches sont destinés à s'en sortir. Ainsi, dans *2012*, la population mondiale est-elle menacée par les conséquences dramatiques d'une éruption solaire. Seul salut possible, monter à bord d'une « arche », étant entendu que les places à bord sont limitées et dévolues aux plus fortunés... Parfois, l'argent est devenu inutile et l'état de nature a repris ses droits. Violence, barbarie, misère sont le lot des personnages qui évoluent dans *The Road*. L'aveuglement des dirigeants, défenseurs inconscients de la société de consommation, est un thème-leitmotiv. Dans le film *Don't look up*, des scientifiques tentent de prévenir le gouvernement que la chute imminente d'une comète met en danger la planète sans recevoir aucun écho. L'humanité condamnée ne suscite pas plus qu'un haussement d'épaules.

Autre question centrale de ces œuvres de fiction : l'autre est-il un ennemi ou un allié indispensable ? Pour les survivalistes d'origine, l'autre est incontestablement un ennemi, qu'il convient de chasser sans lésiner sur les moyens (armes, munitions, gilet pare-balles, alarmes, portes blindées, techniques d'autodéfense, etc.).

Né dans les années 1960 au détour de la guerre froide, le survivalisme est initialement un enfant du libertarisme. Auteur de *Survivalisme, êtes-vous prêts pour la fin du monde*, Bertrand Vidal, sociologue, explique :

« Apparu aux États-Unis dans les années 1960 et 1970, le "survivalisme" désigne les activités d'individus qui se préparent à une hypothétique fin du monde, ou plutôt à une interruption de la continuité civilisationnelle ou sociétale. [...] Concomitante au premier choc pétrolier, qui confronta plus que jamais les populations aux notions de pénurie, de rationnement, d'inflation et de dépendance énergétique, la doctrine survivaliste est née de l'intérêt puis de la nécessité ressentie par une partie croissante de la population nord-américaine de s'affranchir coûte que coûte d'un système économique et politique pouvant s'effondrer en l'espace de quelques semaines... » Il ajoute : « Les premiers survivalistes [...] se distinguaient souvent par leur xénophobie et un esprit complotiste assumé, et étaient marqués par une véritable culture du secret. »

L'image du paranoïaque menaçant, souhaitant défendre son territoire contre le monde extérieur (et plus particulièrement les étrangers), reste vivace. L'autre ne peut être qu'un intrus, un semeur d'anarchie voulant accaparer des biens et des vivres qui ne lui appartiennent pas.

Surfant sur cette mouvance, certains entrepreneurs ont fait fortune. À l'origine du projet « Luxury Survival Condo », l'Américain Larry Hall s'est spécialisé dans le commerce de bunkers souterrains de haut standing, permettant à ceux qui les acquièrent de vivre en autarcie en cas, par exemple, d'attaque nucléaire. Tout le monde n'ayant pas les moyens d'investir dans de telles structures, d'autres spécialistes de l'apocalypse se sont attelés à développer des solutions destinées à un public plus modeste. L'auteur survivaliste suisse Piero San Giorgio, proche des milieux d'extrême droite, dispense ainsi dans ses ouvrages force conseils à ceux qui souhaiteraient confectionner une BAD (base autonome durable), celle-ci s'appuyant sur 7 piliers : l'eau, la nourriture, la santé, l'énergie, la connaissance, la défense, le lien social… Et lorsqu'on évoque ici le lien social, il s'agit de ne pas se méprendre. L'objectif n'est pas d'entretenir des relations amicales avec le voisinage pour la beauté du geste, mais de conclure une sorte de pacte de non-agression et d'assurer une défense commune en cas d'attaque.

La nébuleuse survivaliste fait régulièrement parler d'elle dans la presse. Le 24 mars 2022, à Montreux, cinq membres d'une même famille se sont défenestrés, les uns après les autres. Une chute de 25 mètres mortelle pour quatre d'entre eux. Cloîtrée dans un domicile transformé en bunker, la famille évoluait depuis des mois dans l'obscurité, en ayant pris soin de stocker médicaments, boîtes de conserve et papier toilette en quantités astronomiques. « La famille vivait en quasi-autarcie, retirée de la société », a résumé la police du canton de Vaud. D'après les informations recueillies par le site www.infomeduse.ch auprès du commissaire Jean-Christophe Sauterel, « ils étaient très intéressés par les thèses complotistes et survivalistes ». Sur les cinq membres, deux enfants et trois adultes hautement diplômés. Deux ans plus tôt, le

22 décembre 2020, un informaticien de 48 ans fasciné par le survivalisme et gagné par les thèses d'ultradroite avait abattu trois policiers dans le Puy-de-Dôme après avoir agressé sa femme.

C'est pour se distinguer de cette mouvance sulfureuse que les néo-survivalistes ont pris le nom de *preppers.*

Des survivalistes aux preppers

Les *preppers*, autrement dit, ceux qui se préparent, ont choisi pour emblème la fourmi. Avant tout prévoyants, ils cherchent à limiter leur dépendance à la société de consommation afin de ne pas rester *esclaves du système.*

Héritiers de Robinson Crusoé ou du rusé MacGyver, ces néo-survivalistes se sont découvert plus récemment d'autres héros : le Britannique Bear Grylls, connu pour son aptitude à affronter l'âpreté de la nature dans *Man vs Wild*, Mike Horn, explorateur de l'extrême, Nicolas Vanier, célèbre pour ses traversées du Grand Nord, etc. À la télévision, le nombre de shows télévisés consacrés au survivalisme enfle d'année en année : *Alone, les survivants*, *Retour à l'instinct primaire : seul au monde*, *Familles Apocalypse*, sans oublier la star française du genre, *Koh Lanta.* Certains *preppers* peuvent vivre leur passion comme un jeu immersif grandeur nature : apprendre à confectionner des cannes à pêche, des hamacs, des outils, allumer un feu, s'orienter à l'aide d'une boussole, trouver une source d'eau, chasser au collet… Ces loisirs simples et accessibles, proches du scoutisme, tranchent avec l'opulence de la société moderne, les accessoires high tech qui, à la longue, finissent par lasser, saturer un public avide d'authenticité. Le succès des stages de survie menés par des experts en la matière tels que le globe-trotter Denis Tribaudeau est à apprécier diversement. Certains participants y voient une occasion de vivre une expérience extrême, d'autres y perçoivent un moyen de se perfectionner à l'art de la survie dans l'hypothèse d'une catastrophe…

Préoccupés par la diminution des ressources énergétiques, la crise économique, le réchauffement climatique, le risque épidémique, nucléaire, etc., les *preppers* anticipent leur éventuelle déroute en se préparant au pire. Contrairement au survivalisme, le néosurvivalisme est grand public et touche toutes les catégories de population (cadres supérieurs, enseignants, professions libérales…) Un salon du survivalisme a même vu le jour. Parce qu'ils ont été effrayés par un évènement précis, qu'ils se soucient de l'écologie de longue date ou qu'ils ne trouvent plus de sens à l'emploi qu'ils occupent, les *preppers* choisissent de tout mettre en œuvre pour regagner leur autonomie. Il s'agit pour eux de sortir de l'ultra-dépendance dans laquelle ils se trouvent en se tirant des griffes du système capitaliste. Le vertige ressenti à l'idée de « ne rien savoir faire d'utile » les pousse à acquérir toutes sortes de compétences dont les Anciens avaient la maîtrise : autonomie énergétique et alimentaire, apprentissage de la médecine de secours, maîtrise des savoir-faire techniques tels que l'entretien d'un potager ou la menuiserie, etc. Ces *preppers* vivent avec le désir d'être leur propre recours et de ne plus être contraints de s'en remettre à des services extérieurs. Leur repli participe d'une rupture avec la société, même s'il est à nuancer. Loin de la vie citadine, ils n'en sont pas moins proches de leurs voisins (s'ils en ont) et prompts à échanger sur les réseaux sociaux ou des forums spécialisés. Permaculture, frugalisme, récupérateur d'eau de pluie, compost sont autant de sujets qui reviennent régulièrement dans les conversations. Leur mode de vie résulte d'une prise de conscience et d'un rejet de la société de consommation. Une surabondance génératrice de frustration que décrivait déjà Georges Perec dans *Les Choses* en 1965, au soir des Trente Glorieuses, évoquant deux citadins perpétuellement aux prises avec l'insatisfaction : « La tentation était trop forte en ce monde qui promettait tant, mais qui ne donnait rien. Leur impatience était à bout. Ils crurent comprendre, un jour, qu'il leur fallait un refuge. [...] Ils rêvaient de vivre à la campagne à l'abri de toute tentation. Leur vie serait frugale et limpide. [...] Ils rêvaient d'abandonner leur travail, de tout lâcher, de partir à l'aventure. [...] Ils rêvaient de rupture et d'adieu. »

À en juger par le phénomène de « grande démission » survenu aux États-Unis et dans une moindre mesure en France à l'issue de la pandémie, il semble que beaucoup soient parvenus à transformer ce que l'on qualifiait naguère de lubie en mode de vie concret.

Nourris par la lecture de *Walden, la vie dans les bois*, de Henry David Thoreau ou par le visionnage d'*Into The Wild*, les *preppers* prônent le retour à l'essentiel.

Le grand soir vert : la collapsologie

Sécheresse, fonte de la banquise, réchauffement climatique, biodiversité menacée, surpopulation sont autant de thèmes qui inquiètent la jeune génération, mais plus généralement toutes les personnes ayant une sensibilité écologique. L'idée d'une nature injustement domptée par l'homme et des mauvais traitements infligés à la faune et à la flore peut pousser à l'activisme ou au retrait, selon les individus. La crainte de l'effondrement de la civilisation industrielle et la quête de solutions alternatives susceptibles de lui succéder ont donné lieu à la création d'un courant transdisciplinaire, la collapsologie. Ce courant a été théorisé par Pablo Servigne, ingénieur agronome, et Raphaël Stevens, dans leur ouvrage *Comment tout peut s'effondrer ? Petit manuel de collapsologie à l'usage des générations*.

De grands noms de la politique affichent parfois leur adhésion à la collapsologie, d'où le trouble grandissant d'une partie de la population. Ancien ministre de l'Écologie, Yves Cochet est aujourd'hui le président de l'institut Momentum, qui est né d'un constat : « Nous vivons aujourd'hui la fin de la période de la plus grande abondance matérielle jamais connue au cours de l'histoire humaine, une abondance fondée sur des sources temporaires d'énergie concentrée et à bon marché qui a rendu possible tout le reste. » Un discours qui semble mener son chemin jusqu'au plus haut niveau de l'État. Le 24 août 2022, lors du conseil des ministres de rentrée, Emmanuel Macron déclarait : « Ce que nous sommes en train de vivre est de l'ordre d'une grande bascule ou d'un grand bouleversement. [...] Nous vivons la fin de ce qui pouvait apparaître comme une abondance, celle des liquidités sans coût [...], la fin d'abondance de produits, de technologies qui nous semblaient perpétuellement disponibles. [...] La rupture des chaînes de valeur, la fin de l'abondance de terre ou de matière et celle de l'eau. » La tonalité de ce discours a de quoi inquiéter, puisqu'elle semble confirmer les peurs des collapsologues, naguère tenus pour des extravagants.

Ayant opéré une bascule vers un nouveau mode de vie en acquérant une maison de campagne autosuffisante en prévision d'un « effondrement général systémique et global du monde », Yves Cochet déclarait dans une interview[1] accordée à *Brut* en 2019 : « Il n'y aura plus de

1. Prêt pour la fin du monde : Yves Cochet nous fait visiter sa maison.

voitures en 2040, il y aura quelques calèches, avec des chevaux, oui. [...] Il n'y aura plus d'internet en 2035. [...] C'est avec vos voisins géographiques [que vous vivrez]. C'est une leçon d'ouverture et de générosité, s'entraider ou s'entretuer. » Une vision qui a longtemps fait sourire et qui est loin d'être nouvelle. En 1974, le film *Soleil vert* décrivait le quotidien d'habitants de New York en 2022. Surpopulation, canicule, famine, épuisement des ressources naturelles, tous les ingrédients de la collapsologie étaient déjà réunis. Réduite à consommer du « soleil vert », aliment connu pour sa capacité à « concentrer le plancton » et dont on découvrira à la fin du film le monstrueux secret de fabrication, la population dépérit lentement, tandis que des anciens se souviennent : « Quand j'étais jeune, la nourriture, c'était de la bouffe. Là-dessus, nos magiciens de la science ont empoisonné l'eau, pollué le sol, détruit les plantes et la vie animale, enfin, de mon temps, on trouvait de la viande n'importe où ! On achetait des œufs, du vrai beurre, on trouvait de la laitue fraiche à gogo ! Est-ce que quelqu'un peut vivre dans un climat comme celui-là, avec la canicule d'un bout de l'année à l'autre ? On se croirait dans un four, on crève à force de transpirer. » Désespérés, certains de ces anciens choisiront de se rendre au « foyer », un lieu où on les euthanasiera en ayant l'aimable attention de leur projeter auparavant un film de ce que le monde fut : cascades, fonds marins, vertes prairies, montagnes enneigées, papillons et oiseaux folâtrant dans les arbres...

La collapsologie n'est pas l'apanage de la science-fiction. En 2009, dans un documentaire intitulé *Collapse*, Michael Ruppert, journaliste d'investigation américain, prévoyait lui aussi un effondrement causé par le manque d'énergie – en particulier le pétrole – et invitait le spectateur à agir en conséquence : « Je recommande vivement d'acheter de l'or en barres. [...] Faites ce que vous pouvez pour isoler votre maison si nécessaire. [...] Si vous avez un terrain, débarrassez-le de tout produit pétrochimique et apprenez à le revigorer. [...] Si vous n'avez que votre téléphone mobile, achetez une ligne fixe. [...] Achetez des livres sur les soins d'urgence et la médecine holistique. [...] Modérez votre consommation d'eau douce, une réserve de nourriture raisonnable. [...] Ce que vous devez stocker, ce sont des semences [...], de bonnes semences organiques. [...] La production locale de nourriture est peut-être la clé la plus essentielle de la survie de l'humanité à la suite de l'effondrement de la civilisation industrielle. [...] C'est la communauté qui nous sauvera. Il faudra faire ça conjointement avec vos voisins et votre famille et les gens autour de vous. Vous échouerez si vous êtes individualiste. Vous survivrez si vous êtes membre d'une tribu ou d'une famille. » C'est ainsi qu'autour de cette mouvance s'organise un retrait social que l'on pourrait qualifier de communautaire, croisant l'autosuffisance et la coopération.

Tout en se préparant au pire, les collapsologues préconisent diverses solutions pour éviter qu'il n'advienne, telles que l'évolution des systèmes agricoles ou la maîtrise de la démographie. Cette dernière tendance est déjà adoptée par les GINKS (Green Inclination No Kids) qui, pour protéger la planète, se défendent de mettre des enfants au monde.

Le retour aux sources induit par le mouvement collapsologue n'est pas sans rappeler l'idéal des communautés hippies, à cela près qu'il semble davantage motivé par la crainte, voire la peur panique, d'un drame à venir que par une utopie articulée autour du slogan *peace and love*. Derrière cette phobie se niche ce que d'aucuns nomment « la dépression verte », que l'on retrouve sous les termes d'écoanxiété ou de solastalgie.

L'écoanxiété

Dans la série *Six Feet Under* (six pieds sous terre, 2001-2005), le spectateur assiste à l'effondrement psychologique de George Sibley, professeur de géologie, peu à peu gagné par d'insurmontables angoisses environnementales. L'homme tente vainement d'alerter ses proches du danger grave et imminent qui les guette. Dans l'épisode 10 de la saison 4, ses craintes se précisent : « Le problème n'est pas la guerre nucléaire, c'est ce qui va la causer. […] Très peu survivront. […] L'apocalypse sera causée par l'eau ; ceux qui en ont, ceux qui en veulent et ce à quoi ils sont prêts pour l'obtenir. »

Consommateur effréné d'internet, il alimente sa peur en observant le goutte-à-goutte d'un sablier virtuel montrant l'épuisement progressif des ressources en eau. Lorsque son entourage l'enjoint à profiter des joies de l'instant présent, il répond : « Je ne peux pas être heureux, à moins de faire quelque chose pour sauver la planète ou au moins pour préparer ceux que j'aime à ce qui va se produire ; il s'agit de la fin de la vie telle qu'on l'entend. »

Un épisode plus tard, ses pensées obsessionnelles s'intensifient et se matérialisent par une dérive survivaliste : « Je me demandais où est ta réserve d'eau », interroge-t-il sa femme. Lorsqu'elle lui répond, pragmatique, qu'il y a un pichet dans le réfrigérateur, il semble désarçonné par la légèreté de la réponse et développe : « Je veux dire en cas de séisme, par exemple. On devrait toujours avoir de l'eau en stock, des torches, des piles et des conserves. [...] On devrait tous s'inquiéter et se préparer pour un séisme, une attaque terroriste, une période de grande sécheresse, etc. »

La nuit, des cauchemars le tirent du lit en sursaut. Ayant découvert l'existence d'un vieil abri antiaérien, George commence à y entreposer du matériel de survie. Internaute de plus en plus assidu, il fait part de sa dernière découverte à sa fille : « Savais-tu qu'on peut commander de l'iodure de potassium sur internet ? » Et quand sa femme lui demande de quoi il s'agit, il répond avec le plus grand naturel : « un antiradiation ». Retranché dans l'abri antiaérien, George sera finalement interné pour dépression.

Si le diagnostic posé n'est pas celui de l'écoanxiété – qui n'entre d'ailleurs pas dans une catégorie psychiatrique du DSM –, on peut tout de même mesurer la détresse du personnage causée par la prescience d'un drame écologique à venir. Aucun des évènements de la vie de famille n'intéresse plus George, entièrement absorbé par ses recherches en ligne, ses certitudes scientifiques, son sentiment profond que la fin est proche. Avoir raison avant tout le monde, avoir raison trop tôt, être incompris, seul contre tous, voilà quelques-unes des pensées qui minent le moral des écoanxieux. La tranquille insouciance des consommateurs lambda ne fait que renforcer leur triple sentiment d'isolement, de colère et d'impuissance. La culpabilité n'est jamais loin non plus pour ceux qui estiment qu'ils sont en devoir de sauver leurs proches et la planète de la folie des hommes. Leur souffrance est réelle, leur désarroi profond comparable à celui des témoins d'un accident empêchés de venir en aide au blessé.

Solastalgie et écoanxiété

Solastalgie et écoanxiété sont deux termes employés indifféremment, même s'il existe une fine nuance entre ces notions. Invitée dans l'émission de France Inter *Le Téléphone sonne* le 19 août 2021 pour débattre autour du thème « L'écoanxiété, le mal du XXIe siècle ? », Charline Schmerber, thérapeute spécialiste de la solastalgie, décrivait la différence entre ces deux termes de la façon suivante : « L'écoanxiété, c'est ce qu'on appelle une détresse prospective : c'est imaginer l'avenir, ce qui risque d'arriver dans les années à venir, qui va générer chez l'individu tout un panel d'émotions [...] : colère, tristesse, impuissance, peur. [...] La solastalgie est plutôt une détresse qui est rétrospective. [...] On constate la perte d'un environnement qu'on a connu, qui a été dégradé et qu'on risque de ne pas retrouver. »

Dans le premier cas, une crainte anticipatoire, dans le second cas, la nostalgie d'un paradis perdu.

Le syndrome de Cassandre

« Alarmistes », « rabat-joie », « oiseaux de mauvais augure », « catastrophistes », les personnes inquiètes pour l'avenir de la planète sont accueillies tièdement lorsqu'elles annoncent l'imminence d'hécatombes. Figure de la mythologie grecque, Cassandre avait reçu le don de prédire l'avenir, mais avait été frappée de la malédiction de ne pas être crue. C'est dans cette position inconfortable que demeurent les écoanxieux. Certains que leur appréhension de l'avenir ne relève pas du fantasme, mais de la rationalité, ils se trouvent pris entre deux feux : taire leur pensée, quitte à culpabiliser de ne rien faire, ou lancer l'alerte et risquer l'ostracisation.

La solitude et le retrait social des écoanxieux

Médecin et auteure de l'ouvrage *L'Écoanxiété, vivre sereinement dans un monde abîmé,* le Dr Alice Desbiolles, elle-même écoanxieuse, décrit avec précision les étapes pouvant mener à l'isolement des personnes angoissées par la question environnementale : « Écoanxieux, nous restons chez nous et assistons à l'altération ou à la disparition d'un environnement familier, souvent de façon définitive. [...] La solastalgie, qui peut s'exercer sans condition de profession, d'âge, de culture ou d'origine, est également l'expression d'un double décalage. D'abord par rapport à la société de consommation et aux valeurs qu'elle véhicule : ce premier décalage renforce le sentiment de solitude, d'incompréhension, voire de colère face à l'inaction individuelle et collective. Le second décalage concerne les personnes qui se retrouvent happées par un quotidien urbain ou un environnement pollué. Cette situation les place à distance de leur aspiration à une vie plus simple, plus résiliente et peut amplifier leur sentiment de se "sentir piégées". »

Souvent perçus comme des moralisateurs, les écoanxieux souffrent de la distorsion qui peut exister entre leurs croyances et leur mode de vie. Continuer à vivre comme si de rien n'était, au mépris de leurs convictions, leur semble être le prix à payer pour leur maintien dans le tissu social. Filer droit pour ne pas se faire remarquer, consommer, travailler dans une entreprise polluante sans mot dire et endurer les conduites irrespectueuses de l'environnement de voisins indélicats sont autant de micro-renoncements qui peuvent les mener au bord de la dépression. Les nombreux exemples de ceux qui « plaquent tout » pour vivre conformément à leurs idées véhiculent la fausse impression que changer de vie est à la portée de tous. Or, pour des raisons financières ou familiales, certains écoanxieux restent pieds et poings liés à la ville, d'où la nécessité pour eux de trouver des compromis pour vivre avec autant de sérénité que possible dans un environnement qui ne leur convient pas ou plus. Le sentiment d'incompréhension qui est le leur peut les amener à opérer certaines coupes dans leurs relations. Les contraintes parfois imposées par un mode de vie plus écologique, comme le fait de changer d'alimentation pour adopter un régime végétarien ou végan, peuvent avoir pour conséquence d'accélérer la désocialisation lorsque l'entourage se montre peu compréhensif. D'où un éloignement, quand il ne s'agit pas d'une rupture pure et simple. Conséquences de ces « coupes », un cercle amical et familial de plus en plus clairsemé et la tentation parfois dangereuse de se tourner vers des groupes aux intentions douteuses.

Porte-parole du mouvement Alternatiba, Sixtine Dano décrivait à TV5 Monde son écoanxiété en ces termes : « Ce qui est surtout difficile, c'est de se rendre compte vraiment qu'il y a plein de gens autour de nous qui ne pensent pas du tout pareil que nous, qui ne sont pas du tout inquiets, qui n'ont pas du tout peur. » Une formulation qui fait écho à celle employée par la militante écologiste Greta Thunberg, qui déclarait au Sommet de Davos en 2019 : « Je ne veux pas de votre espoir. [...] Je veux que vous ressentiez la peur que je ressens tous les jours. »

À l'isolement et à la peur s'ajoute une incapacité à se projeter dans l'avenir que décrit Sixtine Dano : « Je fais du cinéma d'animation, je dessine des Mickey, des petits personnages mignons, et à côté, le monde est en train de se détruire et je me demande : est-ce que c'est utile ce que je fais ? Est-ce que ça a du sens ? » Une remise en question totale qui touche à la fois au relationnel des écoanxieux, mais aussi à leur vocation, au sens qu'ils imaginaient donner initialement à leur vie et qui se trouve contrarié, voire anéanti par les informations inquiétantes qu'ils ne cessent d'accumuler. Au premier rang des écoanxieux, les jeunes et certains scientifiques.

Les algorithmes : la machine infernale

Les informations recueillies sur internet peuvent s'avérer piégeuses, dans la mesure où les « bulles de filtre » mettent à mal le principe du contradictoire. Concept élaboré par le militant américain Eli Pariser, « les bulles de filtre » s'apparentent au processus de personnalisation lié aux moteurs de recherche, qui entretient un individu dans son propre système de croyances. C'est ce qu'explique Gérald Bronner dans son ouvrage *La Démocratie des crédules* : « Supposons que deux individus de sensibilité politique et morale très différente, utilisateurs réguliers d'internet, soient en quête d'une information en utilisant Google. Elles ne cherchent pas l'adresse de la pizzéria la plus proche, mais des données sur la peine de mort, la crise financière ou encore les révolutions arabes. Vont-elles se voir proposer la même chose et dans le même ordre par le moteur de recherche ? Non, si l'on en croit Eli Pariser… »

En d'autres termes, si vous êtes un écoanxieux, déjà adepte de la collapsologie et que vous recherchez des informations sur l'écologie, les moteurs de recherche vous orienteront naturellement vers des sites et articles embrassant une vision pessimiste de l'avenir… Se rassurer devient alors beaucoup plus difficile que de se voir conforté dans ses appréhensions. Internet nourrit la peur des écoanxieux en n'exerçant pas le rôle de contrepoids attendu et en leur livrant une version monochrome de l'avenir. Celle d'un monde simplement noir.

Dépasser l'écoanxiété

Comme le rappelait Charline Schmerber dans l'émission de Radio France *L'Écoanxiété, le mal du XXI*[e] *siècle :* « Ce sentiment d'écoanxiété peut, parfois, figer et générer chez la personne une forme d'*écoparalysie*, c'est-à-dire qu'on ne bouge plus. »

Arrivé au stade de l'écoparalysie, l'écoanxieux cesse de penser que des solutions sont envisageables. Coupé du monde, observateur impuissant d'un avenir peint en noir, il peut s'enfoncer dans la dépression. C'est pourquoi il devient alors indispensable de s'ouvrir à des personnes compréhensives, sinon des spécialistes.

Trouver le bon interlocuteur

Depuis quelques années, face aux inquiétudes croissantes de leurs patients, des psychiatres et psychologues se sont spécialisés dans l'écoute de personnes souffrant d'écoanxiété. Un phénomène rassurant pour les patients qui redoutent plus que tout de se trouver face à un interlocuteur sceptique qui balaie leurs angoisses d'un revers de la main, lorsqu'il ne met pas en doute leur sincérité. Les spécialistes sensibilisés à cette question soulignent que les écoanxieux ne doivent pas douter de leur légitimité à franchir les portes d'un cabinet médical. Charline Schmerber insiste d'ailleurs sur ce point : « L'écoanxiété n'est pas une pathologie. C'est vraiment une réaction émotionnelle qui est adaptée à la situation actuelle. [...] C'est un sujet qui isole beaucoup. [...] Chez les personnes que j'accompagne, souvent, c'est difficile d'en parler avec le conjoint, avec la famille, parce qu'on passe pour la cassandre, l'apporteur de mauvaises nouvelles. Donc, finalement, ce sont des gens qui se retrouvent assez isolés parfois et qui ont du mal à en parler. »

Accomplir de petits gestes au quotidien

Si vous ne pouvez pas changer votre entourage ou le gouvernement, vous pouvez tout à fait, à votre échelle, réaliser de petits gestes qui, en plus de vous rassurer, vous donneront le sentiment de contribuer à la protection de la planète. Auteure de l'ouvrage *L'Humanité en péril*, Fred Vargas énumérait, lors d'une interview accordée au *Figaro Madame*, certaines actions pouvant être entreprises individuellement : « Abaisser sa consommation de viande de 90 % est l'acte citoyen le plus efficace, sachant que le poulet est la viande la moins problématique. Acheter moins de vêtements : il faudrait idéalement trente pièces d'habillement par personne, uniquement en fibres naturelles, et les laver à 40 °C maximum. Prendre le train plutôt que l'avion, surveiller sa consommation d'eau et d'électricité, éviter le plastique à usage unique, boycotter les biocarburants, les bois tropicaux ainsi qu'un certain nombre de produits polluants comme le sucre, le soja (importé à 97 %), le miel non bio, le chocolat, sauf s'il est noir et bio, le coca, éviter nombre de poissons victimes de la surpêche, comme le cabillaud, et/ou intoxiqués au mercure, comme le thon. »

Ces comportements nouveaux que vous pouvez adopter ne doivent pas pour autant devenir une source de culpabilité. Il n'est pas toujours possible de s'y conformer. Tendre vers un idéal est une attitude louable, être asservi à ce même idéal peut vous priver de certains moments de plaisir. Si partager un repas avec des amis autour d'une entrecôte vous fait plaisir, ne vous sentez pas honteux à l'idée de vous accorder ce moment. Vous aurez l'occasion par la suite de réadopter un comportement que vous jugerez plus vertueux. Les flexitariens, par exemple, combinent avec aisance rigueur et volupté en ne consommant de la viande qu'occasionnellement et en adoptant le reste du temps un régime végétarien. L'essentiel est de trouver un juste équilibre et de ne pas vous fixer des objectifs surhumains, sous peine de vous sentir frustré et isolé. Faites de votre mieux en acceptant l'idée que vous ne pouvez être parfait et consolez-vous de vos légères incartades en envisageant vos comportements dans leur globalité. Le « plus » l'emporte sans doute de loin sur le « moins » ; en outre, votre capacité à assouplir votre ligne de conduite pour concilier votre idéal aux normes de la vie en société vous aidera à entretenir des relations pacifiées avec les autres. Ne voyez pas les concessions comme des échecs, vous n'êtes pas tenu à l'exemplarité à toute heure du jour et de la nuit. Accomplir de petits gestes au quotidien, c'est aussi devenir « consom'acteur » en vous tournant vers une consommation sélective : marques éthiques, produits locaux, respect du bien-être animal, etc. En achetant des produits conçus par des entreprises qui partagent les mêmes valeurs que vous, vous vous sentirez « acteur » de la cause écologique.

Faire preuve d'indulgence envers soi-même et les autres

Nous l'avons vu, un douloureux sentiment de culpabilité envahit les personnes écoanxieuses. Passer chacune de ses actions à la loupe et se priver de projet en considération d'éventuels drames à venir peut avoir des conséquences néfastes. Si vous rêvez de fonder une famille ou de voyager à l'autre bout du monde, mieux vaut éviter de penser surpopulation et bilan carbone. Vous pouvez trouver des alternatives satisfaisantes : envisager par exemple une « petite » famille et imaginer un voyage autour du monde aussi *green* que possible, en voilier ou pourquoi pas à vélo ?

Tact et délicatesse, ce que vous attendez des autres, les autres l'attendent de vous. Les messages que vous souhaitez faire passer seront mieux entendus (et vous isoleront moins !) si vous savez les tempérer et les rendre moins injonctifs. Dire « J'aime la mode, mais j'essaie de customiser mes vêtements pour éviter de surconsommer, je pourrais te montrer comment faire » ne revient pas à dire « Je ne supporte pas que tu achètes des vêtements issus de la *fast fashion*, c'est irresponsable ». Dans le premier cas, vous expliquez votre démarche et tendez la main, dans le second cas, vous accablez votre interlocuteur et le jugez.

S'investir dans un projet collectif

Parfois, les petits gestes ne suffisent pas à combler le besoin d'agir des écoanxieux, raison pour laquelle certains d'entre eux décident d'aller plus loin en rejoignant des associations, en participant à des conférences de sensibilisation, des actions citoyennes, etc. Cet ancrage dans la vie associative leur permet de se sentir utiles et leur donne l'occasion de se rapprocher de personnes partageant la même fibre écologique. Un bénéfice dont le Dr Alice Desbiolles souligne le mérite : « Cette recomposition des relations sociales constitue l'une des clés de voûte d'une écoanxiété heureuse, notamment en ce qu'autrui ne sera plus perçu comme le colocataire indélicat d'une planète aux abois, mais comme un partenaire qui partage les mêmes objectifs de préservation de cette dernière. »

La solidarité, la coopération, l'entraide semblent être les points cardinaux d'une écoanxiété plus vivable et surtout proactive.

Se détourner de certaines sources

L'objectif n'est pas de vous couper des réalités, mais de savoir prendre vos distances vis-à-vis des écrans. Si vous aimez la nature, ménagez-vous des temps de repos auprès d'elle, temps qui vous permettront de vous éloigner de sites trop alarmistes. Promenades sur les rochers, balades en forêt, pique-nique zéro déchet au bord d'une cascade, lecture à l'ombre d'un pommier, visite d'une ferme bio, toutes ces occasions précieuses vous rapprocheront à la fois du vivant et du présent.

Le sentiment d'impuissance et de colère face à l'insouciance des autres peut pousser certains écoanxieux à se tourner vers des groupes obscurs. Le risque de dérive sectaire est pris très au sérieux par la Miviludes (Mission interministérielle de vigilance et de lutte contre les dérives sectaires). Comme le note Bertrand Vidal dans son ouvrage : « Pour les experts de cette commission, l'accélération du rythme des prophéties apocalyptiques est étroitement liée à l'essor d'internet. De fait, les canaux du web sont une véritable pépinière pour les oiseaux de mauvais augure : fini Cassandre et saint Jean, place aux Youtubeurs, ou autres blogueurs propageant leurs apocalypses 2.0. Les nouvelles technologies offrent "une résonance amplifiée au phénomène et conduisent à une certaine banalisation des discours apocalyptiques les plus extrêmes, renforçant ainsi le climat de peur anxiogène", avance Georges Fenech, président de la Miviludes. »

Rappelons qu'agiter inlassablement la bannière de la peur peut amener certains individus fragilisés à accorder leur confiance aux plus cyniques gourous, comme en témoigne le destin tragique des adeptes de la secte du Temple solaire. Dans un article paru dans *Le Monde* le 26 décembre 1995, Henri Tincq rappelait l'origine composite du mouvement de l'Ordre du Temple solaire, empruntant à la fois aux ordres initiatiques du Moyen Âge, mais aussi au New Age : « Proche également du Nouvel Age, l'OTS développe des pratiques fondées sur la médecine naturelle, sur des règles précises d'alimentation et d'hygiène, sur le yoga ou l'écologie (fermes biologiques), conçues comme autant de manières de "survivre" avant l'apocalypse. »

Le pire se présente parfois sous des dehors inoffensifs. La prolifération de sites et de comptes arguant de l'apocalypse pour proposer aux visiteurs des solutions ineptes (et onéreuses) doit inciter à la vigilance. Le croisement des données et la vérification des sources vous permettront de trouver des informations mêlant réalisme et objectivité.

5

Le retrait social hédoniste

Et puis, il y a ceux qui, mus par leur seul instinct, choisissent un retrait social de confort, d'agrément, qui les rend tout simplement heureux. Ceux qui font de l'isolement leur caviar, leur *nec plus ultra*. Des casaniers fiers de l'être flirtant avec l'extase entre quatre murs, loin des bassesses et des compromis de la vie en collectivité. Bienheureuses taupes profitant de la solitude dans le secret de leurs galeries souterraines…

Sœur cadette de Charlie Brown, célèbre maître de Snoopy, la jeune Sally passe dans l'album *La vie est un rêve, Charlie Brown* des vacances inoubliables à l'occasion d'un stage de *pouf*. Un stage où, dit-elle, « nous ne faisons rien d'autre de toute la journée que de rester allongés, regarder la télé et manger des céréales. » Revenue de son séjour et malgré les remarques désobligeantes de son frère qui constate sa prise de poids, Sally, enthousiasmée, déclare : « J'ai déjà signé pour l'année prochaine ! »

Après tout, pourquoi se forcer ? Peut-être parce que, comme Snoopy, certains êtres peuvent concevoir des regrets après une vie cloîtrée, passée à ne rien faire. Dans *Une vie de chien*, assommé par la vacuité de son existence et les embarras de conscience qui peuvent peser sur l'âme d'un Beagle dans la force de l'âge, Snoopy soupire : « J'aurais dû faire preuve de plus d'ambition. Visiter d'autres pays, exercer davantage d'activités. Au lieu de quoi, j'ai préféré rester à la maison et devenir ce que je suis. Un simple Beagle de base ! On ne devrait pas vivre avec des regrets. Ils peuvent être déchirants. »

La conclusion prouve qu'il n'est jamais trop tard : « Il y a un regret qui m'a hanté des années. Je n'ai jamais mordu personne ! » Et Snoopy de poursuivre une fillette, bien décidé cette fois à passer à l'action...

Le bonheur chez soi

Cousins éloignés des *hikikomori*, les *otaku* se consacrent à des activités d'intérieur qui les passionnent. Peu enclins à sortir de chez eux, ils se distinguent toutefois des *hikikomori* par leur capacité à échanger à propos de leurs centres d'intérêt et même à se réunir occasionnellement. À des milliers de kilomètres de là, les pays scandinaves défendent avec ferveur le *hygge*, un art de vivre mêlant confort, bien-être et convivialité. Pour affronter le manque de luminosité et la nuit tendant à s'étirer à l'infini, les Danois vantent les plaisirs simples : allumer des bougies, lire au coin du feu emmitouflé dans un plaid, préparer des plats maison, revêtir des vêtements confortables… Cocooner, voilà le secret des Danois pour conserver leur optimisme. Que dire du succès planétaire d'une nouvelle philosophie de vie résumée sous l'appellation de « Netflix and chill » qui signifie « regarder Netflix et se détendre » ? Pourquoi se lancer dans la fastidieuse organisation d'un voyage, patienter durant des heures pour assister à un festival, prendre le risque d'endurer une panne des transports en commun au moment d'aller au restaurant ou en boîte de nuit lorsque l'on peut tout simplement rester chez soi et « binge watcher » (autrement dit, se saouler d'épisodes d'une série) tout à loisir ? Au fil du temps, le *Netflix and chill* s'est paré d'une connotation sexuelle… ou comment remplacer le premier rendez-vous au cinéma par une invitation à demeure pouvant mener ou pas à une aventure amoureuse. L'amour aussi s'est délocalisé et éclot désormais non plus en plein air, mais sous serre, chez soi, devant un écran. Aux conversations dans les bars se sont substitués les *chats* sur Meetic, Tinder, Easyflirt, etc. Aller vers l'autre, mais rester dans son nid, le séduire par écrans interposés, le rêver plutôt que le voir. Souvent, nous l'avons vu dans cet ouvrage, le retrait social s'explique par un trouble : la timidité chez les anxieux sociaux, l'envie d'arrêter le cours du temps chez les *hikikomori*, la peur d'une catastrophe chez les écoanxieux… Mais résumer le retrait social à ces troubles serait omettre une vérité que certains aimeraient escamoter. Il est des êtres qui se préfèrent en leur seule compagnie. Une attitude jugée coupable. Dans son ouvrage *Chez soi*, Mona Chollet se livre à une comparaison des images respectivement renvoyées par les journalistes « assis » et « de terrain » : « Sortir, c'est bien, rester assis sur sa chaise, c'est mal. Le terrain garantirait la pertinence et l'ouverture d'esprit, alors que la sédentarité dénoterait un repli coupable menant inévitablement à l'erreur et à l'abrutissement. Ce qui reflète une valorisation sociale plus générale du mouvement perpétuel et de l'arrachement à soi. »

Outre cette dévalorisation du casanier, on note une violente acrimonie à son égard. Mona Chollet la décrit en ces termes : « Vouloir rester chez soi, s'y trouver bien, c'est dire aux autres que certains jours – certains jours seulement –, on préfère se passer de leur compagnie, et cela pour se consacrer à des occupations, ou pire, à des absences d'occupation qui leur paraîtront incroyablement vaniteuses ou inconsistantes. Qui oserait refuser une invitation en expliquant en toute simplicité qu'il est mieux chez lui ? On le jugera capricieux, snob, égoïste : on l'accusera de jouer les divas, on se demandera pour qui il se prend. Mieux vaut trouver une excuse plus solide : on a du travail, on est un peu malade… » Le retrait social semble voué à la clandestinité parce qu'il offense. Préférer la solitude revient à éconduire les autres, à égratigner leur paisible assurance de valoir mieux que rien. Certains ont pourtant osé braver les convenances et vivre au grand jour leur réclusion…

La solitude pour se réinventer

Diffusé sur les écrans en 1968, le film *Alexandre le bienheureux* s'intéresse à la personnalité subversive d'Alexandre Gartempe (Philippe Noiret). Veuf depuis peu, ce riche cultivateur détenteur de 120 hectares (un chiffre qui force l'admiration de tout un village) décide de se retirer chez lui avec pour seul objectif de dormir. Éreinté par une vie de labeur dictée par une femme tyrannique, Alexandre n'aspire qu'à la solitude et au repos, en compagnie de son chien. Lorsque ses amis lui demandent ce qu'il compte faire désormais, Alexandre n'a qu'un mot à la bouche : « Rien ». Ayant libéré ses oies, ses vaches et ses lapins, Alexandre adopte la position horizontale et compte bien la conserver, au mépris des injonctions du voisinage incrédule. Certains l'imaginent suicidaire, d'autres soupçonnent qu'il *cuve*. Il n'en est rien. Passé de l'inquiétude à l'agacement, le voisinage le houspille, son temps de repos ayant été jugé suffisamment long :

— Ça fait trois jours !

Ce à quoi Alexandre répond :

— Je récupère, je rattrape.
— Et le travail ? l'interroge-t-on.
— Je m'en fous, glapit Alexandre.
— Et ta terre ?
— Elle fait comme moi, elle se repose, assène-t-il.

Lassé de devoir se justifier, Alexandre se munit d'une carabine et se fait menaçant. Les villageois prennent peur et s'éloignent. Replié dans sa vaste demeure, Alexandre, volets clos, ne quitte plus son lit. Saucisson et vin suspendus à une sorte de tyrolienne reliée à son lit, le cultivateur se laisse aller. À court de vivres, il envoie son chien faire ses courses. Chaque jour à heure fixe, l'animal se rend à l'épicerie, muni d'un panier et d'une liste, au grand dam des habitants du village, qui ne décolèrent pas. Alexandre donne le mauvais exemple. Son attitude ne peut plus être tolérée. À tour de rôle, ils tentent d'aller raisonner l'apostat, mais hélas, au lieu d'obtenir gain de cause, ils se laissent pervertir. L'effet de contamination est global : « Y a le père Lamendin qui dit qu'il va se coucher ! » Même les enfants désertent l'école : « Les gars, tous comme Alexandre ! Demain on reste tous au lit ! » Il faudra toute l'ingéniosité d'un village pour extraire Alexandre de sa gangue et ramener ses disciples à la raison. Revenu au monde, Alexandre tirera tous les bénéfices de son isolement. C'est avec un œil neuf qu'il contemplera les oiseaux, les poissons, les paysages réjouissants de la campagne. Cette joie retrouvée fera le bonheur de son chien, qui redécouvrira le plaisir des cavalcades en plein air. Accueilli par ses amis en enfant prodigue, Alexandre laissera éclater son enthousiasme lorsqu'il reprendra ses habitudes : parties de billard, bavardages autour du comptoir, visites chez les voisins… Preuve qu'un retrait temporaire de la vie en société peut s'avérer fructueux et qu'il peut même bonifier ceux qui se l'octroient. À n'en pas douter, Alexandre est meilleur au sortir de sa « cure ». Boute-en-train, rieur, débordant d'énergie, il insuffle au village une vigueur nouvelle.

Contrairement à Alexandre, certains ermites ne reviennent jamais de leur exil. Ce fut le cas de J. D Salinger. Auteur d'un ouvrage mondialement célébré, *L'Attrape-cœurs*, l'écrivain a fui les honneurs, la notoriété et l'argent facile en se repliant à Cornish, dans le New Hampshire. Ayant trouvé refuge dans un modeste chalet en bois, il se déroba aux demandes d'interviews, refusa l'invitation du président Kennedy à la Maison-Blanche et évita consciencieusement tous les curieux. « J'adore écrire et je le fais quotidiennement. Mais j'écris pour moi et je veux qu'on me laisse tranquille », disait-il. Cette déclaration prouve que l'inspiration d'un écrivain n'est pas subordonnée à son insertion sociale. Au contraire, même. L'aridité peut être le sort des artistes happés par le cyclone des mondanités. Héros du film *La Grande Bellezza*, Jep Gambardella (Toni Servillo), auteur d'un premier ouvrage à succès, en fait la cuisante expérience. Cocktails, discussions oiseuses et frivolités ont eu raison de sa plume. Trainant son ennui et son inutilité d'une réception à l'autre, l'écrivain prometteur est devenu un homme vide, désenchanté et acerbe.

L'esprit peut avoir besoin de se mettre au repos, loin des autres et de leurs bavardages, loin du bruit et de l'agitation. Religieux, artistes, philosophes, anonymes, nombreux sont ceux qui, armés du choix, s'orientent vers le retrait pour méditer ou parce que la présence de l'autre agace, que son jugement blesse, que son indifférence humilie, que sa sollicitude déshonore. Les tenants du « plus on est de fous, plus on rit » pourront le déplorer, mais les « fous » sont aussi des gêneurs et des enquiquineurs, formant l'impénitente ronde du *Bal des casse-pieds*. Dans ce film sorti en 1992, Henri Sauveur (Jean Rochefort) perd patience face aux « pompeurs d'air » et autres « suceurs de temps » : « Comme ils sont fâcheux, les gens qui ne supportent pas votre solitude ! » Le succès des retraites spirituelles, des cures de silence et détox digitales témoigne du besoin d'introduire une parenthèse de tranquillité dans le flot ininterrompu des interactions.

Forget me not

Le myosotis est une modeste fleur bleue qui formule cette prière : « Ne m'oubliez pas. » La détermination des casaniers et ours solitaires à « n'être là pour personne » ne doit pas nous faire perdre de vue ceux qui veulent mais ne peuvent côtoyer les autres, empêchés par la timidité, la peur, la maladie, le grand âge, le sentiment d'échec. La pandémie a eu le mérite de mettre en lumière le fléau de la solitude. Premières victimes de celle-ci, les personnes âgées, mais aussi les étudiants, les chômeurs, les sans-abri. Des initiatives locales de solidarité ont vu le jour. Même la grande distribution s'est fendue d'une invention originale. Une enseigne a créé des *blabla caisses* pour permettre à ceux qui le désirent de s'attarder un peu à la caisse afin d'échanger quelques mots avec l'hôte ou l'hôtesse. Nul client impatient derrière vous trépignant l'œil rivé à sa montre, mais un autre être humain, en demande d'attention. Logements partagés, lignes d'écoute, plateformes d'entraide entre voisins sont autant d'occasions laissées à chacun de s'extirper de l'isolement pour réinvestir le monde. Tête haute, parce que « la solitude n'est plus une maladie honteuse », comme le chantait Hubert-Félix Thiéfaine.

Au jeu de cache-cache, la victoire peut sembler amère. Lorsque les recherches pour nous retrouver cessent, nous avons en théorie gagné. Victorieux, mais oubliés dans les ténèbres, nous regrettons tout à coup notre bonne fortune. Pour mettre fin à ce coûteux triomphe et reprendre notre place parmi les joueurs, nous sortons de l'ombre en criant : « Hé, je suis là ! »

Achevé d'imprimer en décembre 2023
sur les presses de la Nouvelle Imprimerie Laballery
58500 Clamecy
Numéro d'impression : 311546

Imprimé en France

La Nouvelle Imprimerie Laballery est titulaire de la marque Imprim'Vert®